中旅考试

吉林省全国导游资格考试统编教材
JILINSHENG QUANGUO DAOYOU ZIGE KAOSHI TONGBIAN JIAOCAI

# 导游服务能力
## ——吉林导游现场考试实务

**DAOYOU FUWU NENGLI**
**JILIN DAOYOU XIANCHANG KAOSHI SHIWU**

吉林省全国导游资格考试统编教材专家编写组 编



中国旅游出版社

# 《导游服务能力——吉林导游现场考试实务》编写委员会

主　编：由　杰

副主编：孙国霞　申延子　张兆敏

参　编：杨絮飞　陈卫东　闫　振　武成智　刘少妮
柴明明

# 前言

为适应新时代文化和旅游业发展的要求，贯彻落实吉林省委、省政府关于建设旅游强省发展目标要求，进一步宣传吉林省丰富多彩的旅游资源，为打造万亿元级旅游产业提供导游人才支撑，助力文旅产业发展，我们组织省内文化和旅游领域的相关专业人士编写了吉林省全国导游资格考试教材《导游服务能力——吉林导游现场考试实务》，旨在为培养和造就一支高素质、实战型的旅游复合型人才队伍提供帮助。

全国导游资格考试是依据《中华人民共和国旅游法》，为国家和社会选拔合格导游人才的全国统一的准入类职业资格考试。考试遵循公平、公正原则，目的是检验考生是否具备从事导游职业的基本素养、基础知识和基本技能。

编写组通过实地走访、调研、召开座谈会，听取不同意见和建议，认真研究新大纲、讨论编写内容及体例等方式，从考生参加现场考试实际出发，严格按照新大纲要求编写了本教材。

本书可作为考生应试教材，也可作为职业院校旅游专业学生的学习用书。

《导游服务能力——吉林导游现场考试实务》具有以下特点：

1. 紧扣大纲，应用性强。以服务考生为基本宗旨，着眼于资格准入的基本素质和综合能力。按照全国导游资格考试大纲要求编排整体框架，条目清楚，知识点提炼准确，侧重考生对考试知识点掌握和对考试程序的了解，使考生易于识记。

2. 适应新形势，体现文旅深度融合。作者进一步对吉林省博物院、吉林非遗、吉林舞台艺术等文化内容进行深加工，丰富了吉林旅游业内容，提升了吉林旅游特色文化内涵。

3. 增加新内容，丰富载体。增加长春农业博览园导游讲解词，弥补了没有农业板块导游词内容的空缺。通过农业科普教育和现代农业设施及技术的展示，引导考生更加热爱家乡，热爱农业。

4. 通俗易学，提高成效。章节内容注意突出重点。全书分为六部分：第一章导游服务能力考试内容，主要对现场考试的流程、考核知识点、要素及注意事项进行概括说明；第二章迎送词及案例示范，以案例形式对导游词讲解的完整性及讲解技巧进行说明；第三章吉林精华导游词讲解，包括吉林省内 17 篇导游词，以主要概况、运用的讲解技巧等进行说明；第四章至第六章，以问答形式体现“导游服务规范”“导游服务应变能力”“综合知识问答”知识点，便于考生识记，更适应现场导游考试模式。

作者均来自吉林文旅行业和教育培训一线专家和学者。既有全国导游大师，又有金牌导游；既有长期从事导游专业教学和培训工作，担任全国导游资格考试现场考试评委工作人员，又有文化和旅游行业相关管理人员等。

本书在编写过程中，得到了各市（州）文化广播电视和旅游局、长白山管委会旅游和文化体育局的大力支持和帮助，得到了吉林省博物院、长春伪满皇宫博物院及刘翠玲、刘岚、孙奥、王月、严香梅、张议文等的鼎力相助，在此一并表示感谢！

由于时间仓促，编写水平有限，书中难免存在不足之处，恳请专家和读者提出宝贵意见。在编写中参考的文献资料不能一一标注，在此一并向各位专家和学者表示感谢。

吉林省全国导游资格考试专家编写组

2023 年 7 月

# 目 录

# 第一章 导游服务能力考试内容

## 第一节 导游现场考试实施规则

导游资格考试由笔试和现场考试（面试）组成，笔试实行全国统一考试，现场考试（面试）由各省级文旅行政部门组织实施。吉林省现场考试（面试）教材《导游服务能力》，按考试大纲要求编写，既有考试实施细则、流程，又有内容讲解、辅助试题，是一本助力考生现场考试的应试辅导教材。

### 一、网上报名

考生在报名网站须上传符合要求的本人近期 1 寸白底免冠证件照片、身份证扫描件（包括正、反两面，考试日期须在身份证有效期内）、学历证书扫描件并填报信息，考生在多地重复报名，报名无效。

### 二、考试宗旨

导游资格考试第五部分，即导游现场考试（面试），是衡量考生导游服务基本能力和素质要求，进行导游资格认定的重要组成部分。现场考试（面试）过程中，考官通过听取考生讲解、问题回答等环节，观察考生在站、立、行的姿态、仪容仪表、言谈举止、形象气质等方面的身体素质；考查考生在思想品德、社会公德、职业道德、身心健康等方面的从业素质；检验考生在语言表达能力、知识储备能力、导游讲解能力、人际交往能力、组织协调能力、应变能力以及紧急问题处理能力等方面的掌握和灵活运用程度，以选拔出符合国家要求的导游人员。

## 三、现场考试（面试）内容

中文类考生考试内容，主要考核考生导游词讲解能力和现场回答问题。

外语类考生考试内容，主要考核考生导游词讲解能力、导游规范问答、应变能力问答、综合知识问答和口译测试（包括“中译外”“外译中”）。

1. 导游词讲解能力考核

（1）主要考核范围

主要考核吉林省景区及相关导游词讲解。要求考生掌握吉林省具有代表性的景区及相关导游词讲解内容和基本知识，合理运用导游讲解方法和导游讲解技巧进行主次分明、清晰明确的讲解。此环节考生在电脑上随机抽取两篇导游词，选择其中一篇导游词进行讲解。

（2）考核要素与时间

①中文类考生考核的导游词讲解要素

吉林省概况。主要讲解吉林省的基本概况、行政区划、省名的由来、吉林省的生态资源优势、矿产资源优势、区位优势、老工业基地振兴优势、自然资源优势以及旅游资源优势。

长白山北坡风光（长白山景区）。主要讲解长白山概况、长白山称谓的由来、长白山的垂直植被景观带、地质地貌特点、自然保护物种、北景区的主要景观。

伪满皇宫博物院（东北沦陷史陈列馆）。主要讲解伪满皇宫博物院的历史地位、历史沿革、基本概况、东北沦陷史陈列馆。

净月潭国家级风景名胜区。主要讲解净月潭风景名胜区概况、净月女神雕塑、水库大坝、森林浴场、景区内的“一带一路”、滑雪场、瓦萨博物馆、青松岭、碧松净月塔楼、太平钟楼、党建广场。

长影世纪城。主要讲解长影世纪城概况、“华夏翱翔”“太阳桥”“世纪明珠 4D 影院”“银河宫”“长影道具车展览馆”“极速穿梭”“星际探险”“神秘古树”“水晶山”。

通化杨靖宇烈士陵园。主要讲解杨靖宇烈士陵园概况、台阶含义、灵堂墓室基本陈列、杨靖宇将军生平事迹。

松原查干湖旅游度假区。主要讲解查干湖旅游度假区概况、渔业资源概况、查干湖“春捺钵”习俗的由来、冬捕仪式“祭湖·醒网”、青山头、野鸭湾。

珲春防川国际旅游区。主要讲解防川景区概况及美誉、阳关坪路堤、吴大澂广场、金沙滩欢乐谷、防川民俗村、图们江流域民俗文化展览馆、春江花月主题乐园、龙虎阁、龙虎石刻、土字牌。

吉林雾凇。主要讲解雾凇名字的由来、雾凇景观的地位、雾凇的形成、雾凇的作用、观赏阶段、观赏带、国际雾凇冰雪节。

吉林省博物院。主要讲解吉林省博物院概况、馆内基本陈列——文明曙光、汉唐古韵、松漠雄风、明清华章。

吉林省曲艺、戏曲艺术（吉林的舞台艺术）。主要讲解吉林舞台艺术概况、吉林歌舞、高派京剧、吉剧、吉林二人转。

吉林省非物质文化遗产。主要讲解非物质文化遗产概念、吉林非遗的整体概况、朝鲜族农乐舞（象帽舞）、长白山满族剪纸、长白山森林号子、长白山采参习俗、查干湖冬捕习俗。

嫩江湾旅游区。主要讲解嫩江湾旅游区概况、嫩江湾春捺钵的历史、嫩江湾旅游区游客中心、铜镜广场、嫩江湾牌坊、辽皇观鱼台、捺钵岛、华夷同风院参观游览、浪漫沙滩、望江楼、“老坎子”码头。

辽源朝阳村。主要讲解朝阳村概况、游客中心广场、党建主题公园、朝阳村花海、拓展基地、有机采摘园、“夏季夜游”。

中文类考生讲解时间为 8 ~ 10 分钟。

②外语类考生考核的导游词讲解要素

吉林省概况。主要讲解吉林省的基本概况、行政区划、省名的由来、吉林省的生态资源优势、矿产资源优势、区位优势、老工业基地振兴优势、自然资源优势以及旅游资源优势。

伪满皇宫博物院（东北沦陷史陈列馆）。主要讲解伪满皇宫博物院的历史地位、历史沿革、基本概况、东北沦陷史陈列馆。

珲春防川国际旅游区。主要讲解防川景区概况及美誉、阳关坪路堤、吴大澂广场、金沙滩欢乐谷、防川民俗村、图们江流域民俗文化展览馆、春江花月主题乐园、龙虎阁、龙虎石刻、土字牌。

吉林雾凇。主要讲解雾凇名字的由来、雾凇景观的地位、雾凇的形成、雾凇的作用、观赏阶段、观赏带、国际雾凇冰雪节。

吉林省非物质文化遗产。主要讲解非物质文化遗产概念、吉林非遗的整体概况、朝鲜族农乐舞（象帽舞）、长白山满族剪纸、长白山森林号子、长白山采参习俗、查干湖冬捕习俗。

外语类考生讲解时间为 8 ~ 10 分钟。

2. 现场回答问题

该内容共有 5 项：景点知识、导游服务规范、导游应变能力、综合知识和口译测试（包括“中译外”“外译中”）。中文类考生考核前四项内容，外语类考生考核全部五项内容。

（1）景点知识问答

中文类考生以 14 篇备考导游词为主要考核内容，考生讲解完所抽选导游词后，主考官从其余 13 篇导游词内容中选取 3 个知识点进行提问。

外语类考生以 5 篇备考导游词为主要考核内容，考生讲解完所抽选导游词后，主考官从其余 4 篇导游词内容中选取 3 个知识点进行提问。

（2）导游服务规范问答

共 1 题，答题时间为 2 ~ 3 分钟，主要考核考生对导游工作职责、景区导游服务程序以及服务质量要求的掌握。

（3）导游应变能力问答

共 1 题，答题时间为 2 ~ 3 分钟，主要考核考生对旅游者个别要求的处理原则、旅游过程中的突发事件及特殊问题的应变和处理能力。

（4）综合知识问答

共 1 题，答题时间为 2 ~ 3 分钟，主要考核考生对中国特别是吉林省政治、经济、文化、社会发展等综合知识的了解程度，适当加入部分开放性的时政题目，考核考生的时政关注能力和逻辑思维表达能力。

（5）口译测试

主要考核考生在中文和外语之间口译互译的能力。考核考生的翻译是否正确、规范，是否能全面、准确、通畅地转述原内容，语法是否正确，无错译、漏译。

## 四、导游现场（面试）考试方式

吉林省现场导游（面试）考试采用室内模拟方式进行。中文类考生考试时间不少于 15 分钟，备选景区（点）及相关导游词 14 篇；外语类考生考试时间不少于 25 分钟，备选景区（点）及相关导游词 5 篇。

考试成绩采用百分制。

## 五、导游现场（面试）考核要素

导游现场（面试）考试是导游资格考试的重要组成部分，考生在模拟导游服务环境下，通过导游词讲解、回答问题参与考核。考官通过考生在现场的考试情况，一是考核考生对知识点的掌握与应用程度，二是考核考生对旅游接待服务中的仪表仪容和对礼仪、礼节的运用能力，三是考核考生对旅游接待服务中突发事件和特殊问题的处理能力等。参加外语类考试的考生除上述要求外，还要考查考生全程使用所报考语种的应试和讲解能力（见表 1、表 2）。

导游服务能力考核要素主要包括礼貌礼仪、导游词讲解、导游服务规范、导游应变能力、语言表达、综合知识以及口译能力（外语类考生）。

**表 1　中文类导游服务能力考核**

| 考核项目 | 考核标准 |
|---|---|
| 仪表、礼仪 | 穿着打扮得体、整洁；言行举止大方，符合导游员礼仪礼貌规范。 |
| 导游词讲解 | 合理运用导游讲解方法和导游讲解技巧进行主次分明、清晰明确的讲解。讲解内容全面、正确、熟练，详略得当，重点突出；讲解方法运用得当；讲解生动、有感染力；回答提问准确、熟练。 |
| 导游服务规范 | 考生对导游工作职责、景区导游服务程序以及服务质量要求的掌握。熟知并能正确运用。 |
| 导游应变能力 | 考生对旅游者个别要求的处理原则、旅游过程中的突发事件及特殊问题的应变和处理能力。在有压力的情况下，思维反应敏捷，情绪稳定，考虑问题周到；能够妥善、及时处理突发事件和特殊问题。 |

续表

| 考核项目 | 考核标准 |
| --- | --- |
| 综合知识 | 考生对中国特别是吉林省政治、经济、文化、社会发展等综合知识的了解程度，考核考生的时政关注能力和逻辑思维表达能力。知识掌握全面，回答提问准确、熟练。 |
| 语言表达 | 普通话标准；语速适中；用词准确、恰当、有分寸；内容有条理，富逻辑性；表情及其他身体语言运用得当。 |

表 2　外文类导游服务能力考核

| 考核项目 | 考核标准 |
| --- | --- |
| 仪表、礼仪 | 穿着打扮得体、整洁；言行举止大方，符合导游员礼仪礼貌规范。 |
| 导游词讲解 | 合理运用导游讲解方法和导游讲解技巧进行主次分明、清晰明确的讲解。讲解内容全面、正确、熟练，详略得当，重点突出；讲解方法运用得当；讲解生动、有感染力；回答提问准确、熟练。 |
| 导游服务规范 | 考生对导游工作职责、景区导游服务程序以及服务质量要求的掌握。熟知并能正确运用。 |
| 导游应变能力 | 考生对旅游者个别要求的处理原则、旅游过程中的突发事件及特殊问题的应变和处理能力。在有压力的情况下，思维反应敏捷，情绪稳定，考虑问题周到；能够妥善、及时处理突发事件和特殊问题。 |
| 综合知识 | 考生对中国特别是吉林省政治、经济、文化、社会发展等综合知识的了解程度，考核考生的时政关注能力和逻辑思维表达能力。知识掌握全面，回答提问准确、熟练。 |
| 语言表达 | 发音准确、清晰、流畅；用词准确、恰当；内容有条理，富逻辑性；表情及其他身体语言运用得当；能充分理解他人意思。 |
| 口译 | 能全面、准确、通畅地转述原内容；语法正确；无错译、漏译。 |

## 第二节　导游现场（面试）考试流程

（1）考生按照准考证上的要求在规定时间到达指定考试地点签到。

（2）考生按照准考证顺序号进入候考区（室）候考，听从考务人员安排，按顺序于考前 10 分钟抽取“导游词讲解”试题并领取现场考试评分表。考生在电脑上抽取“导游词讲解”试题，在所抽取 2 篇导游词中选取一篇导游词作为考试“导游词讲解”试题，选定后不允许随意更改。

（3）抽题完毕后，由工作人员在考生准考证上写上所抽选导游词题目，并签字盖章。考生填写评分表（一式三份），然后到达相应的考场外等候考试。

（4）考生进入考场，将准考证、身份证等相关证件交给监督员进行信息核实，将评分表交由各考官。

（5）对考生有效身份、准考证等信息确认无误后，主考官宣布考试开始。第一环节进行“导游词讲解”答题部分；第二环节为主考官提问 3 个问题，考生依次回答；第三环节，考生现场抽取“导游服务规范”试题，考生作答；第四环节，考生现场抽取“导游应变能力”试题，考生作答；第五环节，由主考官现场提问“综合知识”试题，考生作答。

（6）考试结束，考生取回准考证、身份证等相关证件，退出考场。

（7）三位考官独立评分并签字确认，把评分表统一交由考场内监督人员即刻合分、装订。

（8）每个考试时段结束后，三位考官与监督员一起将考试评分表交由考务工作人员现场封存，并送呈巡考领导签字确认。

外语考生用所报考语种完成考核。

## 第三节 导游讲解语言运用技巧

### 一、讲解规范性

考生在现场（面试）考试时，语言表达要注意规范性、准确性。

**（一）发音正确、语法准确**

考生在讲解时要注意词语的组合、搭配，用词造句准确。讲普通话要标准，使用规范语言，语调、语法准确无误。外语考生要发音标准，语法正确。

**（二）讲解内容正确**

考生在讲解时不能任意夸大所讲内容，要实事求是，要有根有据，正确无误，切忌胡编乱造，影响考试成绩。

**（三）语言流畅，口齿清晰**

考生在讲解时要注意语言的流畅、连贯，不过多重复和停顿，不使用不良的习惯语。讲解时要口齿清晰，用词正确。思维逻辑清晰，内容明确，可使用熟悉的成语、惯用语、歇后语等，避免使用生僻晦涩的词语。

**（四）讲解生动，活泼风趣**

在现场考试时，要力求讲解生动、活泼。考生在熟练掌握考试景点内容的基础上，要善于恰当地运用一些修辞手法，如对比、夸张、比喻、借代等。这样才能把所讲内容讲得生动、风趣。

### 二、注意语音、语调及节奏的使用

由于是在室内模拟考试，考生要根据内容的长短深浅等情况决定节奏，声音以考官能听清楚为宜，在讲解时对一些关键性词语要重点强调，可以加大音量，这样讲解能增强表达效果。在考试时考生语调使用最好是不高不低。讲解时语速要根据讲解内容来把握，如果要强调数字，可以稍放慢，不宜过快，其他讲解可以一般语速，要注意感情色彩。

### 三、讲解时态势语的灵活运用

讲解时的态势语主要有姿态、目光、表情、手势等。

由于是模拟考试，考生在室内是站立考试，考生要身体挺胸立腰，端正庄重。与考官面对面互动，目光应平视，给考官传达出一种自信、认真的感觉。在讲解过程中表情要自然，面部表情与口语所表达的情感同时产生并同时结束，切忌紧张，影响整体表达效果。在讲解时适当使用手势语可缓解紧张情绪，不仅能强调或解释讲解的内容，而且能生动表达讲解语言所无法表达的内容，使讲解生动形象。要注意手势语使用不宜过多，不宜夸大。

## 第四节　外语导游讲解基本要求

### 一、导游词特征

（1）要求外语导游词应该具有美感。

（2）要求外语导游词要有趣味性。考生在讲解时可以通过讲小故事或制造悬念来增加趣味性。

（3）要求外语导游词应该通俗易懂。多使用一些短小精悍的句子，能更好地表意传情。

（4）要求外语导游词具有内容真实可信、文化性强等特征。

## 二、导游词翻译方法

翻译导游词既要内容充实、真实可信、体现中国文化，又要生动有趣、通俗易懂。导游词有以下几种主要翻译方法：

### （一）直译法

直译法有助于保存原语言文化的格调，有助于不断从外国引进一些新鲜、生动的词语、句法结构和表达方法，使目标语言变得日益丰富。

### （二）音译法

音译是指在英文中保留汉语的拼音。许多中国的人名、地名、商标名可以音译，以避免直译或意译带来的误解。中文中的一部分音译词，如伪满洲国（Manchukuo）、磕头（kowtow）等已能在英语词典中找到，在外文导游词翻译中，音译法主要用于翻译地名或人名。

### （三）意译法

导游词中经常引用典故、诗文。意译则能使译文通俗易懂，可以比较准确地传递其意义。

### （四）类比翻译法

许多中国的历史人物、事件、典故等有其文化含义，借助于类比翻译法，便于理解。

## 三、外语导游讲解技巧

考生用外语讲解时的要求与中文导游讲解要求一致，如表述准确、传播清晰、内容生动和表达灵活等。要特别注意的是，中外文语言具有各自独特的表达方式。在导游词讲解的语言表述上，力求生动形象地用外语口语表达。

## 第五节　景区主要景点讲解

### 一、景区主要景点讲解方法

**（一）简述描绘法**

在景点游览中，游客的游兴有时不高，感受一般。经过导游一番画龙点睛或重彩泼墨似的描绘之后，感受就大不一样。导游可以用具体、形象、富有文采的语言对眼前的景点进行描绘，能迅速在游客的头脑中勾勒出明晰的视觉形象，紧紧抓住游客的兴致。

**（二）突出重点法**

导游讲解时要有侧重点，要讲核心部分，突出重点，其余做辅助讲解。具体表现在四个方面：一是突出景区中最具有代表性的景点；二是突出景点的特征及与其他景点的不同之处；三是突出游客比较感兴趣的景点内容；四是突出“……之最”。面对景区内某一景点，导游人员可根据实际情况，重点强调介绍这是世界（中国、某省、某市、某地）最大（最长、最古老、最高，甚至可以说是最小）的……因为这是介绍景点具有的特征，很能引起旅游者的兴致。

**（三）触景生情法**

触景生情法就是一种借景生情、情景结合的导游讲解方法。通过讲解营造一定的气氛，以激发游客的想象力，使游客产生联想，从而领略其中之妙趣。因此导游讲解的内容要与所见的景物和谐统一，使其情景交融，让游客感到景中有情、情中有景。

**（四）问答互动法**

问答互动法就是在导游讲解时，为了活跃游览气氛，激发游客的想象思维，借助游览景点特点，导游向游客提问题或启发他们提问题的讲解方法。避免导游人员唱独角戏的灌输式讲解。问答法有多种形式，主要有：自问自答法（为了吸引游客的注意力）、我问客答法（诱导游客回答）、客问我答法（满足游客的好奇心）等。

### （五）虚实结合法

虚实结合法就是导游在讲解时向游客叙述有关历史人物、神话故事、典故、传说等，与景物介绍有机结合，即编织故事情节的导游方法。这样讲解，会激起人们轻松愉快地遐想和兴趣，使静止的东西变得鲜活起来，使讲解故事化，产生艺术感染力。

### （六）类比法

类比法就是用游客熟悉的事物进行类比，帮助游客理解和加深印象。由于地理、历史、民族、文化以及宗教信仰的差异性，导游员要把每个游览点解释得容易理解，一听就明白，并不是易事。因此，导游员有时必须借助类比的手法，用游客熟悉的事物进行类比，帮助游客理解和加深印象。这种表现手法主要有同类相似类比、同类相异类比、纵向时间比等。

### （七）制造悬念法

制造悬念法就是导游员讲解到关键处故意打住话题，营造出“且听下回分解”的气氛，以激发游客的好奇心理和求知欲望，俗称“吊胃口”“卖关子”，此方法是紧紧抓住游客注意力的有效讲解方法之一。

### （八）画龙点睛法

用凝练的词句概括所游览景点的独特之处，并给游客留下突出印象的游手法称为画龙点睛法。

除上述导游方法外，还有联想法、名人效应法、数字法等众多讲解方法。在具体工作中，多种讲解方法和技巧不是独立的，而是相互渗透、相互依存、互相联系的。我们在学习掌握这些方法的同时，要结合自己的实际情况融会贯通，在工作实践中形成自己的讲解风格和方法，并视具体的工作环境，灵活、熟练地运用。

## 二、示范案例展示

### （一）案例 1（描绘法）

游客朋友们，人们常用“一山有四季，十里不同天”来形容长白山气候的变化，正是因为立体气候的差异，使丰富多彩的植物种类能有机地组合在一起，形成了有规律的带状分布，呈现出 4 个垂直景观带，分别为针阔叶混交林带、针叶林带、岳桦林带和高山苔原带。

**【针阔叶混交林带】**

处于海拔 500 ~ 1100 米，树木以白桦、落叶松、黄檗、红松等针、阔叶树种为主，还有一些藤本植物，如山葡萄、五味子和猕猴桃等。

**【针叶林景观带】**

处于海拔 1100 ~ 1700 米，这里气温显著下降，冬季严寒，夏季凉爽。以耐寒的云杉、冷杉为主。

**【岳桦林景观带】**

位于海拔 1700 ~ 2000 米，这里气候寒冷，风势很强，土壤贫瘠，只生长着一些主干弯曲、矮小，呈匍匐状的岳桦。

**【高山苔原景观带】**

位于海拔 2000 米以上，生态环境与极地极其相似，仅有矮小的灌木、多年生的草本植物和苔藓、地衣等交织生长，因而形成了欧亚大陆东部独有的广阔的地毯式高山苔原带景观。

运用这种方法，能迅速在旅游的头脑中勾勒出四个景观带的视觉形象，提高了游客的游兴。

**（二）案例 2（突出重点法）**

长白山天池是长白山最具风姿、最为壮丽、最有神秘色彩的景观。它略呈椭圆形，南北长约 4.4 公里，东西宽约 3.37 公里。湖面海拔 2189.1 米，水域面积为 9.82 平方公里，水位最深处达 373 米，平均水深 204 米，总蓄水量为 20.4 亿立方米，是我国面积最大的火山口湖。

使用这种方法，突出“最”字，游客记忆更加深刻。

**（三）案例 3（触景生情法）**

清朝末代皇帝溥仪 1908 年年底登基时，年仅 3 岁，由他父亲摄政王载沣把他抱扶到宝座上。当大典开始时，突然鼓乐齐鸣，吓得小皇帝哭闹不止，嚷着要回家。载沣急得满头大汗，只好哄着小皇帝说：“别闹，别闹，快完了，快完了，快完了！”大臣们认为此话不吉祥，说来也巧，3 年后清朝果真就完了，灭亡了，从而结束了我国 2000 多年的封建帝制。

这段导游词以故宫太和殿为背景，叙述了溥仪 3 岁登基的情况。将当时的情景惟妙惟肖地展示在游客面前，游客仿佛也置身其中，这种情景结合的讲解效果最能抓住游客的心理。

**（四）案例 4（问答法）**

在介绍吉林省名字的由来时，如果直接讲解源于满族音译略显枯燥，此时不妨和游客采用问答法来进行，如：

咱们中国各省的命名可是大有讲究，许多地方一听就知道是什么意思。比如说“河南”是什么意思呢？没错，是黄河以南，那河北自然是黄河以北了。第二个问题：“山东”是什么意思呢？没错，是指太行山以东，山西则是太行山以西……最后问大家一个高难度的，您猜猜“吉林”二字是什么意思呢？（游客猜测后讲出正确答案）

其实“吉林”并不是“吉祥的树林”，而是满语的音译。吉林省省名源于吉林省的第二大城市吉林市。“吉林”满语音译为“吉林乌拉”，“吉林”是“沿着”，“乌拉”为“大川”，“吉林乌拉”意思是“沿着松花江的城市”，后来简称吉林。以省内城市名定为省名在我国仅此一例。

这样讲起来既能活跃游览气氛，激发旅游者的想象。又能加深游客对讲解内容的印象。

**（五）案例 5（虚实结合法）**

在介绍长白山天池时，如果只介绍它的水域面积、总蓄水量、年平均气温等数据会显得平淡枯燥，这时加上一段天池水怪、佛库伦传说等神奇的故事，就会使长白山天池风光更显壮美，生动有趣。

导游在讲解中要注意的是，尽管“虚”能使“实”增色，但“虚”不能代替“实”，不要过多讲“虚”，这样让游客感到不真实。

**（六）案例 6（类比法）**

1. 同类相似类比

将相似的两物进行比较，便于旅游者理解并使其产生亲切感。例如，在讲解西安半坡文化村时，可对美国游客说：“半坡人”的生活在很大程度上和当今美国居住在“保留地”的印第安人的生活习性很相似。

2. 同类相异类比

将两种风物比出规模、质量、风格、水平、价值等方面的不同。例如，参观北京故宫时与法国的凡尔赛宫作比较，游览颐和园时与凡尔赛宫花园进行比较。

3. 纵向时间比

可将处于同一时期的不同国家的帝王作类比，也可将年号、帝号纪年转换为公元纪年。例如，在讲解北京故宫的建造时间，如果对外国游客只说它始建于明代永乐四年，也就是1406年，到1420年建成。他们并不会有多少印象，也难以感到北京故宫历史的悠久。如果采用类比式，对美国游客说：故宫在哥伦布发现新大陆70年之前就已建成。对英国游客说：故宫的建造时间是在莎士比亚诞生之前的140年。这样一比较，他们就能更好地感受到中国文化的悠久历史。

**（七）案例7（制造悬念法）**

杨靖宇将军手持双枪沉着应战，以顽强的毅力和敌人战斗到生命的最后一刻。牺牲前靠在一棵大树上，立而不倒，怒目而视，使鬼子们久久不敢靠前。当鬼子确信他已经牺牲后，纷纷围拢过来，向将军鞠躬致敬。杨靖宇将军牺牲时年仅35岁。

风云惨淡，日月无光，青山垂首，大河呜咽……当地人为了怀念靖宇将军，编成了这样一首歌谣：“十冬腊月天，松柏枝叶鲜，英雄杨靖宇，常活在人间。”

“杨靖宇同志牺牲后，日本人十分好奇——在断绝了杨靖宇粮食来源的情况下，他究竟是吃什么撑了这么多天？”导游讲到这里时，突然停了下来。正当各位游客鸦雀无声，急切等待答案时，导游才将悬念解开：“这时，日军残忍地割下了他的头颅，剖开了他的腹部，发现他的胃里没有一粒粮食，只有树皮、草根和棉絮。”

**（八）案例8（画龙点睛法）**

二人转分为单出头、二人转、拉场戏三种表演形式，单出头就是一个人表演；二人转，顾名思义就是由两个人表演，一男一女，俗称一副架；三个及以上的人表演叫作拉场戏。二人转表演中，演员跳进跳出，一人分饰多角，可谓“千军万马，全靠咱俩”，诙谐的表演，九腔十八调的唱腔，深受观众朋友们的喜爱。

这段导游词在介绍二人转的表演形式时，巧妙地用了一句“千军万马，全靠咱俩”，生动直观地表达出了二人转表演形式的特点，用简洁的语言，点出精华，帮助游客领略其奥妙，获得更多的精神享受。

# 第六节　导游现场考试考生应做好的几项准备

## 一、考场内应变准备

（1）做好模拟训练。要想顺畅完成导游词讲解考试，事先必须多次进行模拟演练。只有熟练了，才能在讲解时流畅，保证内容全面，有利于增强信心。做模拟练习时，首先在做到讲解熟练的基础上，要多考虑考场内可能出现的其他情况，如考官示意暂停，要求从某某内容开始讲解，这时要做到反应快，快速切换内容。其次要多找模拟场景进行训练。让家人、同学、朋友扮演游客、考官等，让他们挑毛病、提意见，只有这样，才能使景点讲解更加流畅，更加完善。

（2）仔细审题。现场考试的规范、应变题，考生要注意仔细听题，领会题意，就题干给出的具体情况进行回答，不能一味地背诵教材中的参考答案。如果题干中并未说明具体情况，在回答的时候，就要考虑细节及多种应对方式，如游客要求调换房间，回答问题时要考虑提出调换房间是要求调换房间朝向还是调换楼层，或者是调换高于合同约定的房间，是否要增加费用，这些都要考虑周全。

（3）平时多积累。伴随文化旅游行业蓬勃发展，文旅深度融合，新业态不断涌现，这些对导游服务提出了新要求。导游要不断学习新知识，掌握新技能，提升服务质量和效率。当前，网上预约服务、电子支付、定位导航、各种智能软件等，在一线导游服务中普遍使用，虽然不一定都在教材中提到过，但考生在回答相关问题的时候，要考虑现实情况，要体现出新时代对导游的新要求。

## 二、应试学习法准备

考生在考试时由于紧张等原因，在导游词讲解或回答问题时可能出现卡壳、忘词等状况，这时要求考生冷静下来，迅速调整状态，尽可能在良好的状态下完成考试。

**（一）保持专注**

在备考阶段，要有时间表，某一时间段要复习什么内容，要雷打不动，不受外界干扰，保持专心、专注，专注能力是学习当中非常重要的一种能力，我们学习任何知识的时候都需要保持专注。快速记忆的时候，专注能力更为重要，要想提高记忆效率，注意力必须要高度集中。

**（二）采用图像形式背诵**

通过把文字转化为形象的图表，把对文字的死记硬背转变成为生动鲜明的图像，形成图像的逻辑思考。背诵导游词时不应在脑海中记住每段文字，而要根据脑海中的图像来进行背诵。

**（三）先理解再背诵**

在背诵导游词时，不要死记硬背。首先要仔细认真地多阅读几遍，要理解；其次，要把导游词分段分层，便于记忆；最后，在充分理解的基础上整合导游词，用自己喜欢和适合的表达方式，把导游词的大致内容表达出来，再进行准确背诵。

**（四）时常记忆法**

在考前，对于已经背诵好的导游词，每天找一段时间进行复习，不断强化记忆，这样知识点才能掌握更扎实。首先，通过经常性的复习背诵，我们就能知道还有哪些知识点没有掌握好，还没记牢，哪些地方容易混淆，就能立刻复习，免得再次出错。其次，时常复习能培养我们快速反应的能力。考试时，由于紧张等原因，常常出现忘词情况，我们如果做到时常背诵、自我测试，从不同角度对导游词进行掌握，就能做到胸有成竹，临场不乱，讲解流畅自如，在考试时如果遇到其他特殊的问题，由于平时常常复习，就能很快调整状态并解决好突发状况。

## 三、考生形象准备

考生良好的仪容仪表不仅表示对考试的重视，也表现对考官的尊重。

（1）考生衣着要整洁、大方、得体，不过于鲜艳，不过多佩戴饰物，符合考试场景。

（2）女生可施淡妆，不可将头发染成五颜六色；男生不留长发和大鬓角，不留络腮胡子和小胡子。

## 四、考生注意事项

（1）考前做好各项准备工作。考前按大纲要求进行复习，对导游词和试题要反复背诵、练习，准备要全面，不要抱有侥幸心理只准备部分景点导游词。对现场提问部分试题，要做好相关知识储备，要多积累，多看书。

（2）服从安排。考生在考试过程中要注重礼仪，服从工作人员的安排，这是对考试现场所有考官和工作人员应有的尊重。如有疑问，可向工作人员进行咨询，不可大声喧哗。

（3）考生要保持良好的心态。考试时要沉着、冷静、大方，保持放松状态。考试时只允许一位考生进入考场，考生考完出来后，经工作人员允许，下一位考生可轻敲门进入考场。进入考场后，先向考官简短问好，把物品放于指定位置，再把相关证件交与监督员，评分表交与各位考官，站在指定位置，待考官宣布考试开始后再进行讲解。导游词讲解时，要平视考官，面带微笑。需要手势语时，动作不能太大、僵硬和固定，如紧张可作深呼吸，及时调整状态，小动作不要过多，如摸头发、扯衣角等。在讲解时出现差错及时改正，不要出现吐舌头等动作。最后问题回答完毕时，可用“回答完毕”作为结束，考试结束后向考官表示谢意后离场。

（4）遵守纪律。考生要服从考场外工作人员安排和引导，不服从安排的考生将按考试规定进行违纪处理并记录在案。考生抽取景点题目后，不得要求更换题目和考场，并前往指定考场，在考场门前登记并按顺序候考，不得随意离开考试区域。考试结束后离开考试区域，不得在考场附近逗留。考生不得以任何理由在考场、候考场等考区范围内寻衅滋事，影响考试及考务工作。

# 第二章 迎送词及案例示范

## 第一节 欢迎词

欢迎词，又称欢迎辞，是在旅游行程的开始，将“第一印象”艺术性地表现出来。致好欢迎词对导游员来说非常重要，作为导游员应尽自己最大努力致好欢迎词，展现自己的风采，使“良好的开端”成为“成功的一半”。

通常情况下，规范化的“欢迎词”应包括五大要素。

### 一、表示欢迎

真诚问候游客并代表接待社欢迎游客赴本地旅游。一般为“各位游客朋友们，大家好。欢迎大家来到 ××× 游览观光”或“各位游客朋友，大家好！首先我代表 ×× 旅行社对各位朋友的到来表示热烈的欢迎”。也可以用朗朗上口的诗词、名言等，如：“四面皆山三面水，十里长堤分外美。欲问天堂在何处，不在苏杭在东北。欢迎各位游客朋友走进美丽的江城吉林。”

### 二、介绍人员

介绍自己和随行服务人员。自我介绍时应确定自己的定位，轻松地向游客介绍自己，最好谈些有趣的东西，以激发游客兴趣，让游客记住自己。同时介绍司机、全陪导游、翻译人员等其他随行服务人员。

### 三、介绍行程

介绍参观游览的路线和注意事项。在介绍行程时，切忌赘述，尽量用凝练的词句概括景点的独特之处（画龙点睛法）。我们在介绍吉林冰雪之旅时可以这样说：

这两天，我们将走进新中国第一座高山滑雪场——万峰滑雪场，感受雪上运动的激情与刺激；穿越林海雪原，探访银白画卷，体验冰雪与生态的魅力；跟着鱼把头的口号，走进查干湖，学习原汁原味的渔猎文化，体验圣水湖上的东北风情……

### 四、表明态度

表明为大家热情服务、努力工作的意愿。表明态度时，一定要认真，让游客感受到真诚并对导游产生信任感。

### 五、良好祝愿

预祝旅途愉快和表达美好祝愿。

虽然常规欢迎词一般包括以上内容，但仍需要注意的是：欢迎用语不能僵硬，也不能单调，如果有一点幽默，那就更好了。此外，在欢迎语中，还可以多借鉴一些谚语、名言，富有文学色彩，这样才能收到良好的效果。同时能够根据游客的特点和旅游活动内容的不同而有所区别，体现针对性，避免千篇一律。

## 第二节　欢送词

欢送词又称欢送辞，是在旅游行程的结束，也是接待工作中的一个重要环节。欢迎词和欢送词是一对相辅相成的“姊妹艺术”，它们应当是前后呼应、首尾相连。一篇优秀的欢送词既可以引起游客情感的共鸣，加深游客之间的感情，又能将旅游活动的气氛推向高潮，让游客对本次旅游活动更加难忘。因此，导游在作送别辞时，一定要有真情实感，切忌虎头蛇尾，前功尽弃。

通常情况下，规范化的“欢送词”应包括五大要素。

### 一、总结回顾

总结回顾旅游活动，加深游客对这次旅游活动的体验感。在总结回顾中，无须将全部行程从头到尾地讲一遍，而是要抓住行程中的特色和游客的兴趣，进行强调讲解，使游客加深印象。同时，也可以总结游览活动中趣事，引发大家的共鸣。

### 二、表示感谢

对游客及司机、全陪导游等工作人员的合作表示感谢。

### 三、表达惜别

表达友谊和惜别之情。切记在表达惜别时不可过分渲染，给人以虚假之嫌。点到即可，才是自然真情的流露。

### 四、征求意见

诚恳地征求游客对我们工作的意见和建议。对于游客提出的问题，要认真听取他们的意见，并在行程结束后及时反馈给接待社，在日后的工作中加以改进。

### 五、期盼再见

表达美好祝愿，欢迎客人再次光临。此时导游也可以推介行程中未涉及的其他旅游景点、宣传家乡的旅游口号，真诚期盼能和游客再次相见。

若活动中有不顺利或服务有不尽如人意之处，导游也可以借致欢送词时再次向游客赔礼道歉，征求游客的谅解。既可说明自己的诚意，又可使客人明白导游足够重视，对化解客人的情绪是很有帮助的。

虽然常规欢送词一般包括以上内容，但仍需要注意的是：欢送词的内容，应因人而异、因地制宜，不可千篇一律。欢送词有多种形式，如用一段歌曲、一首诗歌欢送游客，但无论采用哪种形式，都要表达真挚、真诚的感情，不能虚伪敷衍。同时，导游员要把握好致欢送词的最佳时机，为整个旅游行程画上圆满的句号。

## 第三节　案例示范

### 长影旧址博物馆

**【欢迎词】**

各位游客朋友：

大家好！首先我代表 ××× 旅行社对各位朋友的到来表示热烈的欢迎。我是大家本次长春之行的导游员 ×××，大家可以叫我小 × 或是 × 导。我们的司机师傅姓 ×，他具有十分丰富的驾驶经验，所以各位游客可以对我们的行车安全放一百个心，但还是要请大家全程系好安全带哦！出来旅行，安全第一。

今天我们将走进“新中国电影的摇篮”——长影旧址博物馆，共同去感受这座电影城的魅力所在。能和各位朋友相识，我感到非常幸运。身为地道的春城人，我愿意把我的家乡介绍给您。我会尽我所能，把最美的风景展现给大家，同样也会把最真实的历史与文化、最有特色的家乡民俗、最动听的长春故事带给每一位朋友。希望我们今天的长春之旅可以共同在北国春城留下一段美好的回忆。

**【沿途讲解】**

现在我们所行驶的街道便是吉林省首条历史文化名街——新民大街。它北起解放大路，南抵新民广场，全长 1446 米，宽 54.4 米。这里曾是伪满时期的政治中心、中央大道，记录了侵华日军企图长期独霸中国东北的重要历史。直到今天，它的两旁仍然矗立着十余栋保存完好的伪满时期建筑。如伪满时期的国务院旧址、军事部旧址、司法部旧址等。在这条街道上，我们既能体会到古老建筑的厚重感又能找到现代社会的诸多时尚气息，既有路间景观又畅通无阻，既有历史记忆又有发展前景，既有旅游价值又有人生感叹，这就是无愧于“中国历史文化名街”的长春新民大街。

长春建制仅有两百余年的历史，却书写了新中国多个第一的传奇。这里是一座被誉为“共和国长子”的工业重镇，撑起了东北城市化和工业化的脊梁。这座城市拥有众多名片“汽车城”“森林城”“雕塑城”“科教文化城”，当然，还有一张“电影城”的名片更为大家所熟知。而我们今天所要前往的长影旧址博物馆，便记载了长春这座“电影城”的故事。

长影旧址博物馆位于吉林省长春市朝阳区红旗街1118号，是长影集团有限责任公司在完整保留1937年原“满映”建筑的基础上，本着“修旧如旧”的原则修缮完成的，是记录长春电影制片厂发轫、进展、繁荣、变迁的艺术殿堂。长影旧址博物馆建筑面积46137平方米。主要通过文物保存、艺术展览、电影互动等形式，呈现电影艺术、电影道具、电影特技、电影工艺、电影生产等多重主题。

长影被誉为“新中国电影的摇篮”，在新中国电影史上写下了光辉的篇章。从新中国成立初期至今，共拍摄及译制各类影片4000余部。近年来还拍摄了许多主旋律影片，例如《狙击手》《老阿姨》《黄大年》等一批讴歌党、祖国、人民和英雄的影片。

各位游客朋友，我们的大巴车现在已经抵达长影旧址博物馆的停车场。请大家随我下车，正式开启我们今天的长春电影文化之旅。

**【景区讲解】**

我们现在正前方所看到的是位于厂中央的毛主席塑像，是1967年由长影美术师及技术人员自行设计，群众自发组织建造的，像高6.84米，材料是白水泥。塑像完成后，由于它比例协调，造型逼真，还被吉林江南公园和辽源矿务局从长影进行了翻制。

我们眼前的这一建筑群是“满映”的原貌，由日本东京照相化学研究所建筑专家增谷麟仿照德国“乌发”电影制片厂的布局设计，日本清水组施工承建。工程于1937年11月动工兴建，1939年10月竣工，距今已有80多年的历史了。2007年6月，长影旧址博物馆被确定为吉林省爱国主义教育基地、红色旅游基地；2013年被列为全国重点文物保护单位；2017年被评为国家级工业遗产旅游基地；2020年被评为国家工业遗产。

博物馆共有三个展区，分别是艺术馆展区、摄影棚展区及洗印车间展区，以时间轴的顺序展示长影拍摄的经典影片以及长影的发展历程。

艺术馆展区即第一展区，1931年“九一八”事变爆发，日本帝国主义对中国东北大肆武力侵占的同时，也开始了对中国人民思想的奴役。1937 年 8 月 21 日“株式会社满洲映画协会”建立，简称“满映”，是仿照德国“乌发”电影制片厂的布局设计建造的，当时号称远东最大的电影制片厂。“满映”是日本帝国主义对中国实施文化侵略的机构，直属伪满洲国国务院，实际由日本关东军控制。

1945 年 8 月 15 日，日本投降，“满映”解体。1945 年 8 月下旬，中国共产党长春市委派地下党员刘健民、赵东黎进入“满映”，组织进步职工进行护厂斗争，并于 10 月 1 日成立了东北电影公司。

1946 年 5 月，按照中共中央东北局的指示，东北电影公司奉命北迁，于 6 月 1 日达到合江省兴山市（今黑龙江省鹤岗市），1946 年 10 月 1 日，东北电影公司正式改称为“东北电影制片厂”（简称“东影”）。

1947 年 2 月，随着东影事业的发展，厂长袁牧之提出了“三化立功运动”的口号和“七片生产”的方针。在“七片生产”方针的指导下，东影开创了人民电影的“七个第一”，第一部木偶片《皇帝梦》，第一部动画片《瓮中捉鳖》，第一部科教片《预防鼠疫》，第一部译制片《普通一兵》，第一部多集新闻纪录片《民主东北》，第一部短故事片《留下他打老蒋》，第一部长故事片《桥》。

1949 年 4 月《桥》拍摄期间，东影从兴山搬回长春，1955 年 2 月 28 日，“东北电影制片厂”改称为“长春电影制片厂”（简称“长影”）。

从 20 世纪 50 年代的《白毛女》开始，长影开创了革命现实主义题材影片的先河，诞生了多部红色经典，如《赵一曼》《董存瑞》《上甘岭》等。1956 年，随着“双百”方针的提出，党和国家对电影政策有所调整，长影故事片生产类型出现了新的变化。在拍摄《甲午风云》《冰山上的来客》《英雄儿女》等红色经典的基础上，陆续推出由吕班导演的讽刺喜剧影片《新局长到来之前》，惊险样式影片《国庆十点钟》《寂静的山林》，儿童题材影片《红孩子》，爱情故事片《芦笙恋歌》《五朵金花》，彩色风光音乐片《刘三姐》。

1978 年 12 月，党的十一届三中全会的召开，标志着社会主义现代化建设新时期的到来。在解放思想、实事求是的思想路线指导下，长影的创作生产呈现发展拓进的新局面，再次形成了生产影片最多、艺术成就最突出的又一个创作高峰期。80 年代初，一批以改革为题材的影片应运而生，这些影片揭示了旧的经济体制与改革的矛盾冲突，所以大多命运多舛。长影的艺术家们顶着压力，举起革命现实主义的旗帜，拍摄了影片《人到中年》《黄山来的姑娘》《今夜有暴风雪》等，这些影片对思想解放、实事求是起到了巨大的作用。

八九十年代，中国电影市场整体滑坡，但长影人在困境中逆流而上，拍摄了农村题材影片《喜莲》《男妇女主任》，革命题材影片《开国大典》《重庆谈判》《七七事变》，现实题材故事片《蒋筑英》《炮兵少校》等。

此外长影还译制了许多经典影片，例如，《罗马假日》《百万英镑》《摩登时代》《卖花姑娘》《列宁在十月》等，截至目前共译制了2800多部，数目还在不断增加中。

这里是摄影棚展区即第二展区，是曾经的一到三摄影棚改建的，主要展示各个时期不同题材影片道具。

其中第三摄影棚，始建于1937年，是中国现存最早、保留最完整的摄影棚。整个面积是600平方米，举架19.8米，在70年代作为特技摄影棚使用过，许多影片中演员涉水的镜头都是在这里面拍摄的。例如，《五朵金花》《英雄儿女》部分场景都是在这里完成的。三棚是全国重点文物保护单位，现在既是电影拍摄制作的工作场所，又是游客参观互动的体验项目。

现在大家来到的是第三展区，长影洗印车间，原为“满映”洗印课。始建于1937年11月，1939年10月竣工。1945年，中国共产党接收“满映”后，长影继续作为洗印车间使用。2012年，数字技术替代胶片后，洗印车间停止生产。洗印车间是长影电影生产后期冲洗底片、印制大批拷贝的工作场所，是全国洗印电影拷贝的重要生产基地，也是目前全国现存最早、最完整的电影洗印工业遗址，于2023年4月29日以公益形式免费对外开放。

长影旧址博物馆为新中国电影事业的发展和繁荣做出了开拓性贡献，是国家级的特色文化标志区，是展示新中国电影艺术成就的殿堂，是电影人的朝圣地。在这里，你将开始一段新中国电影人的寻根之旅。

“‘一条大河波浪宽，风吹稻花香两岸，我家就在岸上住……’那是新中国的电影摇篮！”长影的意义不仅在于银幕上镌刻的永恒，更是昂扬向上的力量，是文以载道的信仰，是春风化雨的呼唤，是育人无声的影响，是长影人74载的执着。

**【欢送词】**

游客朋友们，我们的行程也要接近尾声了，感谢大家的支持与配合。相信通过今天的长春电影文化之旅，大家一定对长春这座城市有了更深刻的印象。一天的相处虽然短暂，却也让我们结下了深厚的友谊。在本次旅途中，小 × 有做得不好的地方，还请大家多多包涵，多提宝贵意见。也欢迎各位游客如有时间，再来长春，感受清净醇厚的文化底蕴、欣赏独具风情的旖旎风光、品尝色味俱佳的长春味道，静享 22℃的清爽夏天、玩味北纬 37°的粉雪王国。

与您一路走来，愿做一生朋友，感谢您的倾听，愿与您再次相遇，谢谢！

# 第三章
# 吉林精华导游词讲解

## 第一节　吉林省概况

**【基本概况】**

吉林省简称“吉”，位于中国东北地区中部，土地面积 18.74 万平方公里，截至 2022 年总人口 2347.69 万人。有汉族、朝鲜族、满族、蒙古族、回族、锡伯族等 56 个民族。现辖 1 个副省级城市长春，7 个地级市，1 个自治州，延边朝鲜族自治州；省会长春市。

“吉林”满语音译为“吉林乌拉”，意思是“沿着松花江”的城市，后来简称吉林。

1948 年，吉林全境解放，省会吉林市，1954 年省会迁至长春。

吉林省是全国 9 个边境近海省份之一，是国家“一带一路”向北开放的重要窗口，已经与全球 186 个国家和地区建立了经贸关系，国际友好城市达到 56 个，国际和地区航线累计达到 30 条，现在海陆空路路畅通，与环日本海国家全部实现通航。

吉林加工制造业比较发达，尤其是汽车、高铁制造在国内处于领先水平，有多个全国“第一”。是国家重要的商品粮生产基地，中国著名的大“粮仓”，地处享誉世界的“黄金玉米带”和“黄金水稻带”。长白山自然保护区被联合国确定为“人与生物圈计划”自然保留地，孕育着东北虎、东方白鹤等国际濒危野生物种。矿产资源、自然资源和旅游资源丰富，旅游资源已开发形成了“八大”产品体系。

**【讲解技巧】**

对吉林省概况的讲解主要运用了概述法、陈述描绘法、突出重点法、问答法、数字法等讲解方法。在讲解时，可根据不同的内容，运用不同的讲解方法，达到吸引游客，增加游客游兴的目的。

这篇导游词在讲解方法与技巧上首先使用了概述法对吉林省的基本情况及主要资源进行了概括性的介绍；同时大量运用数字法，精准地讲解吉林省的各项数据，以便游客能够更全面、具体地了解吉林省。

在讲解地势特征时用陈述描绘法，“吉林省地势由东南向西北倾斜，呈现明显的东南高、西北低的特征。东部群山环抱、水碧天蓝，中部江河相济、林田相间，西部渔兴牧旺、湿地广袤，全省森林覆盖率达到45.27%，东部长白山区超过85%”。用富有文采的语句描绘地势特征，使枯燥的内容瞬间变得唯美，能引起游客的兴致。

在讲解一汽和长客时用突出重点法，“坐落在长春的一汽集团是中国汽车工业的‘摇篮’，制造了中国第一辆汽车，长客公司是亚洲最大的轨道客车生产企业，生产了中国第一辆地铁、第一列高寒动车组”。使用“最”字，重点强调所讲内容的特征，突出重要地位，使游客产生自豪感，能够留下深刻的印象。

**【导游词】**

游客朋友们，大家好！

我是导游员 ×××，欢迎大家来到风光秀丽，人文荟萃的吉林省旅游观光！

吉林省简称“吉”，位于中国东北地区中部，是全国9个边境近海省份之一。东部与俄罗斯联邦接壤，东南部与朝鲜民主主义人民共和国隔江相望，土地面积18.74万平方公里，截至2022年总人口2347.69万人。有汉族、朝鲜族、满族、蒙古族、回族、锡伯族等56个民族。土地面积、人口规模、经济总量均约占中国的2%。现辖1个副省级城市长春，7个地级市，分别为吉林、四平、白城、白山、通化、辽源、松原；1个自治州为延边朝鲜族自治州；长白山保护开发管理委员会为省政府派出机构。省会长春市，是全省政治、经济、科教、文化、金融和交通中心，是著名的“汽车城”“电影城”“科教文化城”“森林城”“雕塑城”。

吉林，顾名思义，是吉祥之地、吉利之地、吉顺之地。吉林省省名源于吉林省的第二大城市吉林市。“吉林”满语音译为“吉林乌拉”，“吉林”是“沿着”，“乌拉”为“大川”，“吉林乌拉”意思是“沿着松花江”的城市，后来简称吉林。以省内城市名定为省名在我国仅此一例。

说起吉林的历史可谓久远，自旧石器时代开始，吉林省境内就有了人类活动的足迹，两汉、南北朝时期主要有夫余、高句丽、勿吉在此活动；隋唐时期有以粟末靺鞨为主体建立的渤海国；辽金元明时期有契丹、女真、蒙古族在这里生活；清朝统治者认为长白山是其“龙兴之地”，康熙、雍正年间开始建立柳条边予以封禁。光绪三十三年（1907），清政府设立东三省总督，撤销吉林将军，设立吉林巡抚；中华民国成立后，1913 年吉林省设立民政公署；1918 年，奉系军阀张作霖被任命为东三省巡阅使；1931 年，“九一八”事变后，吉林省沦为伪满洲国傀儡政权的属地；1945 年之后东北被划分为 9 省；1948 年，吉林全境解放，省会吉林市，1954 年省会迁至长春。

吉林省属于温带大陆性季风气候，风光秀丽、四季分明。春季干燥多风；夏季温暖短促；秋季凉爽多晴；冬季寒冷漫长。吉林省地貌形态差异明显。地势由东南向西北倾斜，呈现明显的东南高、西北低的特征。东部群山环抱、水碧天蓝，中部江河相济、林田相间，西部渔兴牧旺、湿地广袤，全省森林覆盖率达到 45.27%，东部长白山区超过 85%。

吉林山川秀美、物华天宝。良好的生态，是吉林的突出优势。

吉林省是国家生态建设试点省，截至 2023 年 4 月共有自然保护区 46 个。长白山自然保护区被联合国教科文组织确定为“人与生物圈计划”自然保留地，孕育着东北虎、东方白鹤等国际濒危野生物种。据悉中国境内野生东北虎有 90% 以上在吉林活动，中国政府已在吉林等地开展东北虎豹国家公园体制试点，将为野生动物提供更舒适的生活乐园。

吉林蕴藏着丰富的资源，截至 2023 年 4 月查明资源储量的矿产 117 种。吉林拥有品质优良的矿泉水资源，泉阳泉、农夫山泉、恒大冰泉等一批百万吨级项目陆续投产，中国“矿泉水城”基本建成。

吉林省具有沿边近海优势。随着“一带一路”倡议提出，吉林更是成为对外开放的重要节点。吉林省东端的珲春最近处距日本海仅 15 公里，距俄罗斯的波谢特湾仅 4 公里，是吉林乃至中国对外贸易、对外交流的重要通道。截至目前，吉林省已经与全球 186 个国家和地区建立了经贸关系，国际友好城市达到56个，国际和地区航线累计达到30条，现在海陆空路路畅通，与环日本海国家全部实现通航。

吉林省具有老工业基地振兴优势，加工制造业比较发达，尤其是汽车、高铁制造在国内处于领先水平。坐落在长春的一汽集团是中国汽车工业的“摇篮”，制造了中国第一辆汽车，而今，海外业务覆盖 85 个国家和地区，红旗牌轿车长期作为中国礼宾用车，享誉中外。长客公司是亚洲最大的轨道客车生产企业，生产了中国第一辆地铁、第一列高寒动车组，高端产品出口美国、澳大利亚等 20 多个国家。吉化公司是中国的“化工长子”，曾拥有多个“中国第一”，中国首个碳纤维生产基地就诞生于此。

游客朋友们，大家不妨随我一起仰望苍穹。你们知道吗？“吉林一号”正在遨游太空，可谓是“吉星高照”，它能清晰地看到地面上不到一米大小的物体，并传回遥感图像数据。此外，吉林还有多个全国第一，中国第一台激光器诞生于长春光机所；新中国（人民电影）电影史上的七个第一也由长春电影制片厂开创等。

吉林沃野千里、五谷丰登。吉林还是中国著名的大“粮仓”。这里自然禀赋好，与美国玉米带、乌克兰玉米带并称世界“三大黄金玉米带”，肥沃的黑土地每年生产 700 亿斤以上的优质粮食。这里农产品精深加工水平高，玉米加工转化能力居中国第二位，赖氨酸、燃料乙醇产能居中国首位。此外，吉林省的绿色有机食品众多，极具代表性的“吉林大米”作为 2016 年 G20 杭州峰会被列为指定产品，畅销世界；皓月集团的清真肉牛出口份额也稳居中国首位。

接下来，我为大家介绍一下吉林省丰富的旅游资源。近年来，吉林省依托丰富的旅游资源，已开发形成了“八大”产品体系：一是银白世界冰雪游，涵盖冰雪观光、冰雪运动、温泉养生、关东年俗及冰雪节庆在内的冰雪旅游产品体系。二是红色革命遗迹游。以瞻仰东北抗联、解放战争等革命遗迹、传承革命精神的红色旅游产品体系。三是绿色生态森林游，以白山松水等山水林木资源为主体的生态旅游产品体系。四是地域风光边境游，以中朝、中俄跨境游、中朝俄三国环线游为主的边境旅游产品体系。五是民族风情民俗游，以朝鲜族、满族、蒙古族等少数民族风情为主的民俗旅游产品体系。六是历史遗迹文化游，以高句丽文物古迹、伪满皇宫博物院、长影世纪城等为主的文化旅游产品体系。七是现代文明工业游，以长春“中国一汽”、吉林“丰满水电”为主的工业旅游产品体系。八是传统农业观光游，以农业观光、乡村休闲为主的乡村旅游产品体系。八大系列产品体系，类型多样、组合丰富，可选性、可游性和体验度高，可以满足多重旅游需求。

习近平总书记强调“绿水青山就是金山银山”“冰天雪地也是金山银山”。吉林幸运地同时拥有这两座金山银山。在吉林，你可以搭乘“东北最美高铁”，去领略东部茫茫林海虎啸、中部沃野千里鹿鸣、西部草原湿地鹤舞的生态之美。你可以去中国雪质最好的雪道滑雪，在松花江畔赏雾凇，在长白山麓泡温泉，体验火热冬天的冰雪之美。你还可以走入寻常巷陌，听一听热情地道的东北话，尝一尝传统吉菜、中国最好吃的吉林大米、世界顶级的长白山矿泉水，看一看诙谐幽默的二人转，在大饱口福与身心愉悦中融入民俗之美。

吉林省新的发展，蕴含着无限商机，展现了美好前景。游客朋友们，吉林省概况我就先为您介绍到这里，欢迎您的再次光临！

## 第二节　长白山北坡风光（长白山景区）

**【基本概况】**

长白山北景区位于吉林省东南部，东南与朝鲜毗邻，坐落于长白山北坡，区域面积 52.42 平方公里，是我国东北地区最高山系，是中国的神圣领土，是中华十大名山之一、国家 5A 级旅游景区。中国境内的白云峰海拔高度 2691 米，由粗面岩组成，夏季白岩裸露，冬季白雪皑皑，终年常白，系多次火山喷发而成，素有“千年积雪万年松，直上人间第一峰”的美誉。

长白山天池为松花江、图们江、鸭绿江的三江发源地。这里森林茂密，

500~1200 米以红松、鱼鳞松、沙松、鹅耳枥、枫等为主，1200~1800 米以云杉、冷杉为主；1800 米以上有岳桦矮林带，是中国重要林区。林间有梅花鹿、貂、东北虎等珍贵动物，以及人参药材。人参、貂皮、鹿茸为东北“三宝”，长期享誉中外。

长白山是闻名中外的美景，一望无际的林海，以及栖息其间的珍禽异兽，具有独特神奇的自然魅力。长白山有个美好的寓意“长相厮、到天池，长相守、到白头”。绵延的山岭、皓白的雪域，高耸的群峰、冰封的世界，展示着世间的大美，流露着洁净的情怀。长白山是关东各族人民世代繁衍生息的摇篮，东三省地区的生态屏障，是满族的发祥地，关东人的复兴地和中国朝鲜族的聚居地，清朝时期柳条封边钦定它为圣地。

**【讲解技巧】**

本篇导游词是对长白山称谓的由来、景观、地质地貌等的介绍，导游员应掌握长白山的知识和文化，并根据导游词内容特点，选用适当的讲解方法。

长白山称谓由来部分，建议采用述古法，向游客叙述长白山的历史由来、逸闻典故，丰富游客的历史知识，用还原历史场景的讲解形式让游客运用形象思维更好地了解长白山、熟悉长白山。

长白山垂直植被景观带、地质地貌部分，建议选用问答和类比相结合方法，设置问题，让游客主动观察、判断，并通过对长白山的四个植被景观带进行类比，在海拔高度、气候的特点、地质条件等方面进行对比，帮助游客熟知植被的种类和特点。

景区介绍部分重点是天池，天池是吸引游客情感共情的主要景点。建议选用感慨法，即用寓情于景、富有哲理的语言激发游客的情绪，将天池的奇妙景观、故事传说等带入每位游客的心中，让他们感叹长白山的神奇与壮丽，成为游客难忘的记忆。其他景点具有观赏性和体验性，建议选用触景生情和制造悬念法。讲解长白山瀑布，导游员要通过生动形象的语言，引导游客进入对其的特定意境，让游客获得更多的感受。聚龙温泉群讲解时可提出令人感兴趣的话题，激起游客体验地好奇心，进而给游客留下深刻印象。

**【导游词】**

游客朋友们，大家好！

我是导游员 ×××，欢迎大家来到长白山旅游观光。

广义的长白山，是东起黑龙江省完达山北麓，西抵辽宁省大连旅顺，北达大黑山支脉长春净月潭，南至朝鲜平壤的庞大山地。中国境内由东北向西南方向绵延 1300 多公里。

狭义的长白山，以长白山天池为中心海拔 1800 米以上的巨型火山锥体，锥体半径约 20 公里，是中国东北最高山体，中国境内最高峰白云峰海拔 2691 米。2003 年，被评选为中华十大名山之一。2007 年被提升为国家首批 5A 级旅游景区。

长白山历史上的第一个称谓是“不咸山”，成书在战国时期的《山海经·大荒北经》中记载，“东北海之外，大荒之中有山名曰不咸”。不咸的含义，是指山上有大湖的山。汉朝称单单大岭，魏朝称盖马大山；唐朝时期被称为太白山、白山；直至辽金时期，长白山的名字才开始使用。之所以命名为太白山、长白山，很可能是中原人把陕西的太白山、山东的长白山名移植而来，体现了长白山冬季冰封期长达 9 个月、夏季山顶为灰白色火山灰，远远望去一年四季皆白的特征和内涵。

自明朝开始，长白山锥体有了白头山的名称，并且一直在官方地图中与长白山名混用至 1998 年。1998 年，国家将白头山改名长白山，至此，长白山成了世界上唯一一座山脉名与主峰同名的山。但白头山天池仍是长白山天池的法定名称之一。

长白山是一座活火山。根据火山学定义，一万年以来有过喷发的火山就是活火山。946~947 年，长白山火山发生大喷发，火山碎屑、浮石、火山灰覆盖了方圆 50 公里的原始森林，在长白山南坡留下了碳化木遗址。1597 年、1668 年、1702 年长白山还发生过三次中小规模喷发。2009 年 8 月，长白山火山被评为国家地质公园。

长白山是松花江、鸭绿江、图们江的发源地，满族的发祥地，还是中朝两国的界山。清政府曾于 1677 年、1776 年两次对长白山区下令封禁，起到了保护自然生态的作用。

中华人民共和国成立后，吉林省人民政府早在 1960 年就划定了总面积为 1964.65 平方公里的长白山自然保护区，1979 年被联合国教科文组织批准加入“人与生物圈保护区网”。1986 年被国务院批准为国家级自然保护区。

据不完全统计，长白山区内有野生动物 1586 种，其中一级保护动物有东北虎、金钱豹、梅花鹿、紫貂、黑鹳、白鹳、金雕、白肩雕、丹顶鹤、中华秋沙鸭；有野生植物 2639 种，其中一级保护植物有人参、东北红豆杉。

长白山是东北亚古丝绸之路的重要节点，是东北抗日联军的主要战场，是维系东北地区生态的重要屏障。著名文化史学者余秋雨先生曾这样赞美长白山，“中国起步时，你是历史走廊；中国辉煌时，你是半个大唐；中国蒙难时，你是冰雪战场。完成了这一切，突然发现，你还是全世界最稀缺的生态天堂”。

人们常用“一山有四季，十里不同天”来形容长白山气候的变化，正是因为立体气候的差异，使丰富多彩的植物种类能有机地组合在一起，形成了有规律的带状分布，呈现出 4 个垂直景观带，分别为：针阔叶混交林带、针叶林带、岳桦林带和高山苔原带。

**【针阔叶混交林带】**

处于海拔 500 ~ 1100 米，树木以白桦、落叶松、黄檗、红松等针、阔叶树种为主，还有一些藤本植物，如山葡萄、五味子和猕猴桃等。

**【针叶林景观带】**

处于海拔 1100 ~ 1700 米，这里气温显著下降，冬季严寒，夏季凉爽。以耐寒的云杉、冷杉为主。

**【岳桦林景观带】**

位于海拔 1700 ~ 2000 米，这里气候寒冷，风势很强，土壤贫瘠，只生长着一些主干弯曲、矮小，呈匍匐状的岳桦。

**【高山苔原景观带】**

位于海拔 2000 米以上，生态环境与极地极其相似，仅有矮小的灌木、多年生的草本植物和苔藓、地衣等交织生长，因而形成了欧亚大陆东部独有的广阔的地毯式高山苔原带景观。

各位游客，长白山景区线路有三条，分别是北坡、西坡和南坡，它们地势不同，风景各异。今天我带大家游览的是长白山北景区。

**【天池】**

是长白山最具风姿、最为壮丽、最有神秘色彩的景观。它略呈椭圆形，南北长 4.4 公里，东西宽 3.37 公里。湖面海拔 2189.1 米，水域面积为 9.82

平方公里，水位最深处达 373 米，平均水深 204 米，总蓄水量为 20.4 亿立方米，是我国面积最大的火山口湖。天池主要有两点比较神秘：一是仅有一个出水口而没有入水口，但是湖面水位基本不变；二是 1903 年开始就有了天池怪兽的目击和记载，近几十年来又有了很多距离较远的照片和录像，但没有抓到过实物，怪兽到底有没有，到底是什么，至今仍是个谜。

**【小天池】**

又名银环湖，是寄生火山口积水而成，周长 260 米，呈圆形，集水面积约 5380 平方米，水深 10 余米。小天池被岳桦林环绕，十分幽静，但却蕴藏着两个“谜”。一是小天池只有入水口没有出水口，但神奇的是无论干旱还是大雨，小天池水位依旧、不见涨落；二是小天池中生存着一种只有在北极地区才能生存的极北小鲵!

**【长白瀑布】**

群峰环抱的长白山天池，唯北侧天豁峰与龙门峰之间有一缺口，池水从峡谷之间的乘槎河北流 1250 米至断崖直立处骤然跌下，形成了落差 68 米高的瀑布，下泄流量均为 1.25~5 立方米 / 秒。2000 年长白瀑布被列为世界上落差最大的火山湖瀑布。

**【聚龙温泉群】**

是长白山最著名的温泉群。距长白瀑布约 900 米，面积有 1000 多平方米，水温在 60~83℃，日流量 6500 吨左右，水中含有的多种矿物质和对人身体非常有益的元素，对关节炎、风湿等疗效较好。其水温之高，水质之好，流量之大，堪称我国温泉之最。来长白山观光度假，一定要品尝一下聚龙泉的温泉煮鸡蛋，鲜嫩丝滑。

**【绿渊潭】**

因潭水碧绿深邃而得名。绿渊潭有三条落差 26 米的瀑布。白色的瀑布被黑色的山体衬托着，与弯曲的岳桦树一起倒映在碧绿湖中，浑然一体，美不胜收，恰似人间仙境。

**【谷底森林】**

火山活动造成地层大面积塌陷，使整片的森林沉入谷底，因此得名谷底森林。山谷南北长 2500 ~ 3000 米，谷壁落差约 75 米，以观景台为地面，谷底森林在地下，俗称地下森林。

游客朋友们，短暂的旅途到这儿就结束了，很高兴大家对我工作的支持，期待着您的再次光临！

## 第三节　伪满皇宫博物院（东北沦陷史陈列馆）

**【基本概况】**

伪满皇宫博物院位于长春市东北部，是中国末代皇帝爱新觉罗·溥仪充当伪满洲国傀儡皇帝时的宫廷遗址，是日本殖民统治中国东北14年的历史见证，也是近代长春城市变迁的地标式建筑群，这里记录了溥仪登基之时的踌躇满志、更记录了他帝王梦的破败。伪满皇宫博物院是国家首批5A级旅游景区、全国重点文物保护单位、国家一级博物馆、全国爱国主义教育示范基地。

东部是警示文化教育区以东北沦陷史陈列馆为主体，它始建于2006年，占地面积1.06万平方米，展览面积5600平方米。主要举办“勿忘九一八——日本侵略中国东北史实”展览，该展览深入挖掘了警示性文化内涵，获得第七届全国博物馆十大精品陈列展览奖。序厅中巨型人脸浮雕象征着中国母亲。母亲正在向后人讲述着震惊中外的“九一八”事变，在侵略者大肆践踏东北大地的时候，中华民族不畏艰险、浴血奋战，经过14年艰苦卓绝的斗争，将日本侵略者赶出了中国。现在就让我们一起回顾历史，了解在那个特殊的历史时代下日本侵略者的法西斯暴行，深刻感受抗日战争的艰苦与卓绝，时刻不能忘记刺刀下的中国人民所遭受的苦难和悲痛。

**【讲解技巧】**

伪满皇宫博物院讲解中可运用分段讲解法，这种讲解方法就是将一处大景点分为前后衔接的若干部分来分段讲解。分段讲解，可以采用总分总的形式。在游览长春伪满皇宫博物院时，首先在大门入口示意图前介绍景点概况（包括历史沿革、占地面积、欣赏价值、主要景观的名称等），使旅游者对即将游览的景点有个初步印象，达到“见树先见林”的效果，使之有“一睹为快”的要求，这是所谓的“总”；其次，带领游客依次讲解缉熙楼、勤民楼、同德殿等，这部分是所谓的“分”；最后，参观游览伪满皇宫结束时可进行总结性的讲解，使游客对伪满皇宫参观更加完整，这部分是第二个

"总"。

另外可以从时间跨度上用分层讲解法。伪满皇宫的参观内容主要从三个层次掌握。第一层，重点讲从 1931 年至 1945 年 14 年间，日本帝国主义的侵华史和溥仪的卖国史；第二层，重点讲从 1945 年至 1959 年第二个 14 年间，溥仪的改造史；第三层，重点讲溥仪的感情史，从 1922 年 11 月 30 日娶进家门的第一位"妃子"文绣，到 2001 年最后一位妻子李玉琴的病故，讲清在长达 80 年的跨度中，作为同一个角色，而在不同的社会制度下，所经历的不同人生道路、不同归宿。

**【导游词】**

亲爱的游客朋友们，大家好！我是导游员 ×××。欢迎您来到伪满皇宫博物院参观游览！

伪满皇宫博物院位于吉林省长春市宽城区光复北路 5 号，成立于 1962 年，是建立在伪满皇宫旧址上的国家一级博物馆、全国重点文物保护单位，同时也是国家首批 5A 级旅游景区、全国爱国主义教育示范基地，全国中小学生研学实践教育基地、全国最具创新力博物馆。

伪满皇宫旧址作为清朝末代皇帝爱新觉罗·溥仪充当伪满洲国傀儡皇帝时居住的宫殿，这里是日本武力侵占中国东北、炮制傀儡政权，推行法西斯殖民统治的重要历史见证。1931 年，日本为了实现其称霸亚洲的野心，发动了蓄谋已久的"九一八"事变，并迅速占领了东北三省，开始了对东北长达十四年的殖民统治。日本侵略者为遮人耳目，于 1932 年 3 月 9 日，操纵末代皇帝溥仪在吉长道尹衙门就任伪满洲国"执政"，年号"大同"。同年 4 月 3 日，把执政府迁往吉黑榷运局及其盐仓所在地，即伪满皇宫旧址。

1945 年 8 月，伪满洲国垮台，守卫皇宫的禁卫军和近卫军士兵以及当地的百姓乘混乱之机洗劫了伪满皇宫，这里又先后成为松北联中的校址和国民党六十军的驻地。中华人民共和国成立后，当人们还没有来得及考虑如何利用这个历史遗址的时候，它已先后作为第一汽车厂技工学校、吉林省文化干校、吉林省政法干校、吉林省农业展览馆、公安总队干训班等单位的驻所，这些单位根据各种不同的需要把它进行了多次不同的改造，同时大量的居民也搬入遗址内居住。

1962 年 12 月 24 日吉林省伪皇宫陈列馆成立，当时馆名为日本帝国主义侵略东北十四年罪行陈列馆。1964 年 7 月 28 日吉林省伪皇宫陈列馆与吉林省博物馆合署办公，1982 年 8 月 16 日，吉林省伪皇宫陈列馆恢复建制，2000 年 9 月 25 日正式更名为伪满皇宫博物院。

伪满皇宫博物院主要职能为负责伪满皇宫旧址的保护、恢复、利用和文物、资料的征集、保管、研究；通过对伪满洲国史、伪满宫廷史、中日关系史、东北沦陷史的研究，揭露日本侵占中国东北、奴役残害东北人民以及伪满皇帝溥仪与傀儡政权卖国求荣的罪恶行径；立足学术研究成果，创意构建独具特色的陈列展览体系，并对广大人民群众开展近现代史和爱国主义教育；通过开展国内外文博交流，进一步提升长春市的整体形象与国际影响力，并以博物院中长期发展规划为蓝本，向着做中国“博物馆＋景区”创新运营领跑者的发展目标砥砺前行。

伪满皇宫博物院现占地面积约 25.05 万平方米，存有以同德殿、勤民楼、缉熙楼、怀远楼、东御花园为代表的历史建筑旧址 58 处，开放景点达 30 余处，展览面积共计 4.7 万平方米，推出以《从皇帝到公民——爱新觉罗·溥仪的一生》《勿忘“九一八”——日本侵略中国东北史实》为代表的陈列展览 50 余个，收藏了大量伪满宫廷文物、日本侵华罪证文物、东北近现代文物、民俗文物、近现代有代表性的书画、雕刻、非遗传承人作品等艺术精品，其中包括日本七宝烧菊花纹大瓶、溥仪日记、北极白熊皮、百年蒸汽机车、伪满勋章纪章等珍贵历史文物。

位于伪满皇宫旧址核心区东部的东北沦陷史陈列馆，现占地面积 2.65 万平方米，展陈面积 4600 平方米，在 2006 年 9 月 18 日暨“九一八”事变发生 75 周年之际，东北沦陷史陈列馆以《勿忘“九一八”》展览为主体正式对外开放。该展览在揭露日本武力侵占中国东北、炮制傀儡政权、推行法西斯殖民统治罪行以及开展爱国主义教育方面发挥了重要作用。2007 年荣获第七届全国博物馆十大陈列展览评选精品奖。2022 年 9 月 18 日，经过全面改陈，东北沦陷史陈列馆基本陈列升级为《艰苦卓绝十四年——东北人民抗战史实陈列》《侵华日军第一〇〇部队细菌战罪证陈列》《天地英雄气 千秋尚凛然——缅怀东北抗战英烈和英雄群体》三个专题展览，全面反映了中国东北十四年沦陷史、重点展示了东北人民艰苦卓绝的抗日斗争、大力弘扬了伟大抗战精神。东北沦陷史陈列馆现已成为全国知名的爱国主义教育示范基地和吉林省著名红色旅游景区。

新时代，伪满皇宫博物院暨东北沦陷史陈列馆以“做中国博物馆 + 景区创新运营的领跑者”为发展目标，通过学术立院、创意兴院、创新强院、开放共享的发展战略，深化改革、守正创新，成功探索出一条文博事业单位不断改革创新，旅游景观建设逐年上新档次，文化旅游产业蓬勃发展的新路子，为提升长春的城市文化品位、文化魅力和旅游吸引力发挥了重要作用，得到了各级领导的充分肯定和社会各界的广泛赞誉。

旧址之上，见证长春历史；往事之中，探索城市故事。国家一级博物馆、全国重点文物保护单位、5A 级旅游景区伪满皇宫博物院欢迎您。

## 第四节　净月潭国家级风景名胜区

**【基本概况】**

净月潭是国家 5A 级旅游景区，国家级风景名胜区，始建于 1934 年，1936 年开始为城市供水。净月潭占地面积 96.38 平方公里，水域面积 5.3 平方公里，森林覆盖率达 96%，有大小山岭 119 座，海拔从 220 米到 406.5 米。距长春市中心人民广场仅 18 公里，被誉为“喧嚣都市中的一块净土”“都市氧吧”，与台湾日月潭并称为姊妹潭。

净月女神雕塑是净月潭标志性迎宾景观，是雕塑大师叶毓山先生的作品，于 2012 年 8 月 7 日正式落成。净月女神高 8.2 米，月亮直径 6 米，底座高 2.28 米。净月潭水库大坝，全长 555 米，高 19 米，最深处 16 米，最大库容约 2900 万立方米。森林浴场被称为“天然氧吧”，它是净月潭的核心景区，在森林浴场深处有一座石羊石虎山，1982 年被列为长春市重点文物保护单位。“一带一路”，“一带”是指净月潭木栈道；“一路”是指净月潭彩色公路。净月潭被誉为“城市中的旅游滑雪场”，2003 年被列入瑞典有近百年历史的瓦萨国际滑雪节的比赛场地之一。瓦萨博物馆是国内首个以展示越野滑雪运动为主题的博物馆。净月潭的青松岭是电影《青松岭》惊马场面的外景拍摄地。碧松净月塔楼是净月潭乃至长春市的标志性建筑，由我国著名建筑大师齐康先生设计，造型取材于松柏，于 2000 年向游人开放。塔楼共 11 层，高 50.2 米，太平钟楼高 17 米，有“警钟长鸣，天下太平”之意。党建广场主雕塑《火炬》以火炬的形象展示党徽，表达了星星之火可以燎原的寓意。

**【讲解技巧】**

本篇导游词首先运用概述法，概述法是导游就旅游城市或景区的地理、历史、社会、经济等情况向游客进行概括性的介绍，使其对即将参观游览的城市或景区有一个大致的了解和轮廓性认识的一种导游方法。我们进入净月潭之前在景区示意图前先用概述法进行净月潭景区的总体介绍，让游客有一个初步的印象。

游览过程中可运用描绘法，描绘法就是运用具体、形象、富有文采的语言对眼前的景观进行描绘，使其细微的特点显现于游客眼前。例如，净月女神雕塑这一部分的介绍就非常适合运用描绘法，把净月女神雕像的每个细微之处都讲述得淋漓尽致，像“一带一路”、净月雪世界等都可以运用描绘法进行讲解。

另外，游览碧松净月塔楼时可运用数字法讲解，数字法就是在导游讲解中巧妙地运用数字来说明景观内容，以促使游客更好地理解的一种导游方法。导游讲解中离不开数字，因为数字是帮助导游精确地说明景物的历史、年代、形状、大小、角度、功能、特性等方面内容的重要手段之一，例如，碧松净月塔楼共 11 层，高 50.2 米，“50”代表中华人民共和国成立 50 周年，“2”代表长春建制 200 周年。这一部分就可以巧妙地运用数字来进行讲解，增加讲解的趣味性和生动性。

**【导游词】**

尊敬的各位游客：

大家好！欢迎您来到国家 5A 级旅游景区——长春净月潭国家级风景名胜区观光游览。我是导游员 ×××，很荣幸能为您提供讲解服务。

净月潭国家级风景名胜区位于吉林省长春市东南部，距长春市中心人民广场 18 公里，占地面积 96.38 平方公里，连绵起伏的群山将一潭形似弯月的碧水环绕其中。得天独厚的区位优势，使之成为“喧嚣都市中的一块净土”，有“都市氧吧”之美誉，是长春市的生态绿核和城市名片，被誉为台湾日月潭的姊妹潭。

走进净月潭，首先映入眼帘的是净月女神雕塑，它是净月潭的标志性迎宾景观，由雕塑大师叶毓山先生精雕细琢创作而出，于2012年8月7日正式落成。女神侧卧在弦月之上，左手托腮凝思，右手探向远方，秀发舞动，双目微合，体现了美丽、圣洁、向上、大爱的生命主题。每逢夏季的夜晚，这里将呈现音乐喷泉水舞灯光秀，千姿百态、唯美曼妙的视听效果成了长春一道亮丽的风景线。

下面，就让我们从这里出发，乘坐电瓶车，由西至东依次游览水库大坝、森林浴场、滑雪场、瓦萨博物馆、青松岭、碧松净月塔楼、太平钟楼等景点，领略净月潭的多彩文化。

眼前大家看到的景观是水库大坝，也是净月潭"蓝色水文化"的集中展示区。这里原是一座人工修建的水库，是长春市最早的水源地，水域面积5.3平方公里，最深处16米，最大库容约2811万立方米。1934年，为解决长春市的供水问题，拦截伊通河支流小河沿子河，在长春东南部12公里处一个叫"腰站"的地方修建水库。1936年开始为城市供水，并且为了涵养水源，开始营造人工林，而后逐渐打造成了风景旅游胜地。

现在我们到达的位置是森林浴场，我将向大家介绍净月潭的"绿色森林文化"。这片区域被称为"天然氧吧"，它是净月潭的核心景区，也是景区内重要的游客集散地。这里种植了4万平方米的樟子松林，与长白山的美人松相像。这样完美整齐的樟子松林，在国内都属罕见。除此之外，净月潭景区内种植了红松、黑松、白桦、云杉、冷杉等30多个树种，森林覆盖率达96%以上，每立方厘米空气负氧离子含量高达4000~5000个，远远高于市区空气质量水平，形成了多树种、多层次、高品质的森林景观。

来到这里，我推荐游客朋友们走一走净月潭景区里的"一带一路"。"一带"，指的是净月潭木栈道；"一路"，指的则是净月潭彩色公路。如果想穿行茫茫林海，体验天然氧吧沁人心脾的舒畅，就可以选择走木栈道；如果想看山水相依的生态美景，则可以选择走净月潭彩色公路。走不同的道路，赏不同的风景，品不同的文化。

接下来我们到达的位置是净月潭的"白色冰雪文化区"，这里被誉为"城市中的旅游滑雪场"。2003年，净月潭引入在瑞典有近百年历史的瓦萨国际滑雪节，使中国成为继瑞典、美国和日本之后第四个举办瓦萨滑国际雪节的国家。滑雪场地处海拔200~400米的丘陵，共开辟了五条雪道，分为初级、中级和越野雪道。夏季，人们可以乘坐全长 1321 米的星空缆车，领略人工林海的独特魅力，登顶后可继续乘坐全长 1616 米的时光滑道，穿梭在茫茫林海中，体验速度与激情。

游客朋友们，现在我们来到了瓦萨博物馆。它是国内首个以展示越野滑雪运动为主题的博物馆。舒展大气的斜坡屋顶造型、敦厚质朴的建筑气质，延续了瓦萨滑雪运动发源地——瑞典本土的传统建筑风格。石材墙面粗犷强悍，实木木质外墙疏密有致彼此交错，整体建筑与净月潭自然环境巧妙融合，浑然一体，充分再现人与自然的和谐统一。

这里有净月雪世界。它是净月潭冬季打造的大型互动体验式项目，有晶莹剔透的冰雕，有纯洁无瑕的雪雕，还有老少皆宜的冰雪娱乐项目，是凝固的艺术，纯净的乐园，心驰神往的冰雪童话世界。

最后，我们到达的是净月潭“红色历史文化区”。首先参观的是净月潭的青松岭。这里是电影《青松岭》惊马场面的外景拍摄地，钱广的三鞭子就是在这个叫“黑风口”的地方甩响的。现在仍有很多剧组来净月潭拍摄，电视剧《东方战场》《浴血三兄弟（大连往事）》《飞行少年》《人世间》、电影《黄大年》等都曾在这里取景。

游客朋友们，现在让我们攀登 195 级台阶领略太平钟楼和碧松净月塔楼的美景。台阶共 195 阶，有“永久”“造福”之寓意。碧松净月塔楼是净月潭乃至长春市的标志性建筑，由我国著名建筑大师齐康先生设计，造型取材于松柏，于 2000 年向游人开放。塔楼共 11 层，高 50.2 米，“50”代表中华人民共和国成立 50 周年，“2”代表长春建制 200 周年。登上顶层，可俯瞰净月潭全景，美景尽收眼底。与碧松净月塔楼相邻的是太平钟楼。它是为了纪念吉林省 1981 年至 1990 年 10 年无重大森林火灾而修建的。钟楼高 17 米，在顶层悬挂一口合金铸成的大钟，钟声浑厚悠扬，有“警钟长鸣，天下太平”之意。

车行右侧前方就是党建广场。主雕塑《火炬》以火炬的形象展示党徽，表达了星星之火可以燎原的寓意。同时，净月潭环潭打造了 18 个红色主题站点，讲述红色故事，将红色文化贯穿全程。

游客朋友们，我的讲解部分到这里就结束了。蓝色的水文化温润如玉泽被春城，绿色的森林文化沐浴芬芳沁人心脾，白色的冰雪文化燃情冬奥激情飞扬，红色的历史文化深沉厚重自强不息。生态家园，多彩净月，期待您再次光临！

## 第五节　长影世纪城

**【基本概况】**

长影世纪城是由拥有半个多世纪的历史、被誉为“新中国电影摇篮”的长春电影制片厂投资兴建的电影主题娱乐园，规划占地面积为 100 万平方米，已建成的园区面积达 40 万平方米。这里汇集了 3D 巨幕、4D 特效、激光悬浮、动感球幕、正交多幕等当代技术先进、种类齐全的特效电影。来到长影世纪城，游客们不是在“看”电影，而是在“体验”电影。

园区西面矗立着一座银白色像贝壳一样的建筑，那是长影世纪城二期的重点项目“华夏翱翔”，也是我国第一座悬挂式动感球幕影院。它是长影的顶级娱乐项目，在这里翱翔天际不再是梦想。东面的这座桥叫“太阳桥”，相对的那座叫“月亮桥”。在桥的两侧栏柱上有很多铜铸的雕塑，这些都是长春电影制片厂拍摄生产的经典影片中的主人公形象。园区的那座圆球形的建筑叫“世纪明珠 4D 影院”。4D 特效电影，就是在展示三维立体视觉效果的同时，还能辅以特殊动感效果，模拟影片的真实环境。不仅刺激强烈，还有身临其境的效果。4D 影院放映的影片《非常实验室》，长影拥有独立版权。在电影特技馆“银河宫”里，可以揭示影视后期制作的奥秘。“水晶山”可以欣赏到世界立体电影中的极品三维巨幕电影，它是巨幕电影和立体电影的完美结合。巨大银幕，宽 25 米，高 18 米，加上 6.1 声道的立体音效，将带给游客超级的心灵震撼和身临其境的惊险体验。影片视觉效果强烈，堪称 3D 巨幕电影精品。

长影每年都推出一批优秀影片，像《辛亥革命》《黄大年》等影片在社会上产生强烈反响，不仅为长影赢得了新的荣耀，更为中国电影的发展作出了新的贡献。

**【讲解技巧】**

长影世纪城这篇导游词在讲解方法与技巧上首先使用了概述法向游客进

行概括性地介绍了景点的基本概况和在国内的地位，使游客对其有一个大致的了解和轮廓性认识。

接着用的是分段分层讲解法，使游客对该景点产生初步印象，然后到现场顺次游览、导游讲解，使讲解环环相扣。

本篇导游词中使用最多的一种讲解方法是问答法中的“自问自答”法，即导游员自己提问自己回答。使用问答法的目的是活跃游览气氛，激发旅游者的想象思维，促使游客、导游人员之间进行思想交流，使游客获得参与感或自我成就感的愉快，同时，也可以避免导游员唱独角戏的灌输式讲解，加深游客对所游览景点的印象。

除此之外导游词还使用了制造悬念法进行讲解，如:“在看到影片中一个个惊险镜头时，一定会为演员的安全捏一把汗，这些危险的动作是如何呈现的呢？马上您就会亲自揭秘这些特效镜头背后的秘密了。”制造悬念的方法很多，文中使用的便是制造悬念法中的引而不发法，为的是让游客在寻求答案的同时，参与到导游讲解中，如果游客最后还是求而不得，导游员就要指点迷津。需要提请导游人员注意的是制造悬念法奥妙在于“吊胃口”，但“胃口”不宜吊得时间太久。上下文之间的停顿要恰到好处，否则那种随意停顿、随意制造悬念的讲解，反而会起反作用。

**【导游词】**

各位游客，大家好！欢迎来到国家5A级旅游景区长影世纪城观光旅游。我是导游员 ×××，很高兴陪伴大家一同走进这座特效电影主题公园。

长影世纪城是由拥有半个多世纪的历史、被誉为“新中国电影摇篮”的长春电影制片厂投资兴建的电影主题娱乐园，规划占地面积为100万平方米，已建成的园区面积达40万平方米。

说到长影，大家一定会想起那一部部由长影生产出品、享誉中外、脍炙人口的经典影片。那么，在这座长影投资兴建的主题公园里，会带给各位游客怎样的期待呢？这里汇集了3D巨幕、4D特效、激光悬浮、动感球幕、正交多幕等当代技术先进、种类齐全的特效电影。可以这样说，游客们不是在“看”电影，而是在“体验”电影。

朋友们，您在入园前，是否已经看到园区西面矗立着一座银白色像贝壳一样的建筑呢？那是长影世纪城二期的重点项目“华夏翱翔”，也是我国第一座悬挂式动感球幕影院。作为顶级娱乐项目，在这里翱翔天际不再是梦想。或飞越天险，或跨越大河，在饱览山河壮丽、世间美景的同时，体验前所未有的凌空飞行真实感受。

大家请看，东面的这座桥叫“太阳桥”，相对的那座叫“月亮桥”。您可以看到在桥的两侧栏柱上有很多铜铸的雕塑，这些都是我们长春电影制片厂拍摄生产的经典影片中的主人公形象。这些影片伴随着新中国几代人的成长，至今人们仍能如数家珍地说出这些影片的名字。例如，《五朵金花》《白毛女》《上甘岭》等。

这座圆球形的建筑叫“世纪明珠 4D 影院”。我们在园区的任何角落都能看到它，因此它可以为您的游览指引方向。4D 影院放映的影片《非常实验室》，长影拥有独立版权。4D 特效电影，就是在展示三维立体视觉效果的同时，还能辅以特殊动感效果，模拟影片的真实环境。不仅刺激强烈，还有身临其境的效果。

走过“摇篮桥”，呈现在您眼前外形像展开的电影胶片一样的建筑，就是“银河宫”——电影特技馆。在这里将为您揭示影视后期制作的奥秘，这个项目是可以参与互动的，如果您幸运的话，就有机会利用专业麦克风及多种拟音道具，亲自为无声的影片拟音、配音，尝试一回做配音演员的感觉。

下面我们一起去参观“长影道具车展览馆”。在这里陈列了几十辆长影珍藏的道具车辆，都曾在长影摄制的许多经典影片中使用过，具有较高的收藏和欣赏价值。

看到前面那个蓝白相间的建筑物了吗？这里是宇宙森林——“极速穿梭”。这个建筑是由 700 多根钢柱组成的，钢柱总重量达 1700 多吨，是超大型惊险刺激类项目——室内过山车。在伸手不见五指的巨大空间，神舟号启动了，速度越来越快，此时陨石、飞碟与您擦肩而过，惊心动魄的极速穿梭之旅十分刺激。

“星际探险”——球幕动感影院是一个具有梦幻色彩的项目，您将在直径 25 米的半球型银幕前，坐在多角度运动的座椅上，通过与影片剧情的同步互动，体验太空探险的真实感受。

您看到这棵巨大的古树了吗？这就是神秘古树，它代表着祥和与幸福。直径 10 米的神秘古树上，20 余种野生动物紧紧环绕。大家可以在这里合影留念，让祥和、幸福永远陪伴在您的身边。您还可以在这里稍作休息。注意文明参观，不留垃圾。

在您面前这个晶莹剔透、外形酷似一座巨大“冰山”的建筑物，我们称之为“水晶山”。在这里，我们将欣赏到世界立体电影中的极品三维巨幕电影，它是巨幕电影和立体电影的完美结合。巨大银幕，宽 25 米，高 18 米，加上 6.1 声道的立体音效，将带给您超级的心灵震撼和身临其境的惊险体验。影片视觉效果强烈，堪称 3D 巨幕电影精品。

看了这么多特效电影，大家一定想知道，这些电影特效是如何制作出来的吧？让我们一起去参与这项可以互动的项目，希望大家可以踊跃参加。您也许看过美国影片《超人》或者成龙主演的《警察故事》，在看到影片中一个个惊险镜头时，一定会为演员的安全捏一把汗，这些危险的动作是如何呈现的呢？马上您就会亲自揭秘这些特效镜头背后的秘密了。

各位游客，近年来，长影每年都推出一批优秀影片，像《辛亥革命》《黄大年》等影片在社会上产生强烈反响，不仅为长影赢得了新的荣耀，更为中国电影的发展做出了新的贡献。

每年夏季，为丰富和活跃市民、游客的夏季文化生活，打造长春消夏避暑旅游品牌，长影世纪城都会举办大型夜游活动，导游在这里发出诚挚的邀请，期待大家再次光临！谢谢大家！

## 第六节　通化杨靖宇烈士陵园

**【基本概况】**

杨靖宇烈士陵园，位于通化市东昌区靖宇路 888 号，占地面积 2 万平方米。1954 年动工，1957 年竣工，1958 年对外开放。杨靖宇烈士陵园是国务院批准公布的首批全国重点烈士建筑物保护单位。

杨靖宇烈士陵园由 5 座民族式建筑组成，正面为灵堂和墓室，两侧的 4 个偏殿是杨靖宇将军的业绩展厅，陵园中央矗立着杨靖宇将军的戎装铜像。陵墓内民族式棺柩中安葬着杨靖宇将军的遗首遗骨，展厅里是杨靖宇将军青少年时期的遗物和他在抗日战争艰苦岁月里的一些用品和战利品等有关文物、文献、照片 280 余件。

杨靖宇，原名马尚德，1905 年 2 月 13 日出生于河南省确山县李湾村。1940 年 2 月 23 日，杨靖宇将军在濛江县（今白山市靖宇县）保安村三道崴子对敌作战中壮烈殉国，时年 35 岁，杨靖宇是东北抗日联军的杰出代表，是东北抗日联军主要领导人之一。

杨靖宇烈士陵园展现了杨靖宇将军所领导的东北抗日联军第一路战于深山密林，运动在田野沟壑，爬冰卧雪，风餐露宿、不屈不挠、英勇作战的精神，鼓舞了一代又一代的中国人为国家的独立富强而不断努力。

**【讲解技巧】**

本篇导游词是对杨靖宇烈士陵园的介绍，也是对杨靖宇生命历程的回顾。根据导游词内容特点，导游员应注意语言表达方式，并选用适当的讲解方法。

对于杨靖宇烈士陵园建筑的介绍，要遵循客观性原则，以客观存在为依托，以客观现实为依据，建议采用概述法、问答法、类比法及妙用数字法。概述法对陵园整体结构进行讲解，使游客对景点形成轮廓性认知，为入园参观做好知识铺垫。采用问答法和类比法对建筑的风格特点进行讲解，能够启发游客的兴趣，对讲述内容产生深刻印象。妙用数字法用于建筑物面积、高度、规模、建筑时间等方面的讲解，更准确地说明景观内容，展现导游员的专业能力。

对于杨靖宇的英雄事迹讲解，分为两个部分。第一部分，杨靖宇将军的生平介绍，需特别注意语言的准确性，建议采用数字讲解法。第二部分是杨靖宇将军的抗战事迹和牺牲过程，需要特别遵循导游讲解的针对性原则，根据游客的年龄和职业等特点，采用不同的讲解方法。根据讲解词的特点，建议可以采用的讲解方法主要为触景生情讲解法，将陵园中杨靖宇将军的遗物、战利品和文献材料等与将军的英雄事迹结合，使游客深刻理解讲解内容，感受杨靖宇将军在恶劣环境坚持战斗，不怕牺牲的精神。

**【导游词】**

各位游客，大家好！

我是导游员 ×××，今天请让我们怀着崇敬的心情，一起去聆听伟大的抗日民族英雄的故事，去拜谒、参观杨靖宇将军烈士陵园。

通化市杨靖宇烈士陵园暨东北抗日联军纪念馆，位于吉林省通化市浑江东岸的靖宇山上，1958 年正式对外开放。现已成为全国首批重点烈士纪念建筑物保护单位、全国红色旅游经典景区、国家 4A 级旅游景区。

首先呈现在我们眼前的是 46 级台阶，共分成两个部分：第一部分 35 级台阶，代表杨靖宇将军短暂而光辉的 35 岁的生命历程；第二部分 11 级台阶，代表杨靖宇将军在东北战斗的 11 年。走过台阶，进入大门就是占地 2 万平方米、中共党内最大的个人陵园——杨靖宇烈士陵园。园内共有 5 座建筑物，均为古典式琉璃瓦建筑。

正面为灵堂和墓室，中央矗立着高 5.35 米的杨靖宇全身戎装铜像，花岗岩基座正面镌刻着彭真手书："民族英雄杨靖宇将军。"

铜像两侧是杨靖宇将军生平业绩第一、第二陈列室，展出的是杨靖宇将军青少年时期的遗物和他在抗日战争艰苦岁月里的一些用品和战利品等有关文物、文献、照片共 284 件。其中，第一陈列室中展出的杨靖宇唯一的一张单人照，十分珍贵。

杨靖宇，1905 年出生在河南省确山县李湾村，原名马尚德。1927 年组织领导了确山农民暴动和刘店秋收起义。同年，加入中国共产党，曾任中共豫南特委书记。1929 年 7 月，东北爆发了"中东路事件"，由于工作的需要，杨靖宇受组织委派奔赴东北工作，受时任满洲省委书记刘少奇领导，担任中共抚顺特支书记。

当时的东北，日本的侵略势力十分嚣张，侵犯主权，派驻军队，掠夺财富，作恶多端。特别是抚顺，有很多著名的煤矿，工人达到 9 万多人，受日本资本家和中国封建把头的双重压榨。这时，杨靖宇化名张贯一来到了抚顺，他和工人们同吃同住。工人们也逐渐发现，这个"张大个子"不仅为人正直厚道，对待受苦的矿工也亲如兄弟，便把他当成了主心骨。杨靖宇利用资本家要裁减工人的机会，成功地组织工人罢工 4 天，最后迫使资本家接受了召回被裁工人、缩短工时、增加工资的合理要求，抚顺的党团组织也很快在杨靖宇的艰苦努力工作下恢复和发展起来了。但同时也引起了日本人的注意，他们派出大批特务和侦探，破坏中共地下党组织的活动。由于叛徒王振祥的出卖，杨靖宇等 10 余名地下党党员和工会会员不幸被捕，在监狱中，杨靖宇受尽酷刑，大义凛然，他坚贞不屈的精神使敌人也暗暗叹服。

1931 年 9 月 18 日，日本帝国主义悍然发动了对中国东北的武装侵略，史称“九一八”事变。中共满洲省委利用时局动荡的有利机会，千方百计地把杨靖宇等一批共产党员从监狱中解救出来，结束了杨靖宇2年3个月的监狱生活。

1932年，杨靖宇以省委特派员的身份巡视南满，整顿并改组了磐石、海龙等抗日游击队。先后担任中国工农红军第三十二军南满游击队政委、东北人民革命军第一军独立师师长兼政委、东北人民革命军第一军军长兼政委、东北抗日联军第一军军长兼政委、东北抗日联军第一路军总司令兼政委。杨靖宇指挥部队在日本侵略者残酷统治下的南满、东满地区，广泛建立抗日民族统一战线，开辟抗日游击根据地，采用灵活多变的游击战术，打得日本鬼子晕头转向、焦头烂额、闻风丧胆。日军把杨靖宇称为“满洲治安之癌”，曾悬赏5万大洋购买将军的头。

1938年秋，抗联一军受敌人围剿的压力越来越大，1939年日军采取了更加疯狂的侵略政策：军事上重兵围剿；经济上严密封锁；政治上大肆推行“三光”政策，使一路军进入最艰苦的时期。在零下三四十摄氏度的严寒下，没有粮食，战士们就吃草根、树皮；没有棉衣只能穿着单衣行军打仗；被子不够盖就几个战士合盖一床，但他们仍以坚韧不拔的革命精神同敌人进行顽强的斗争。1939年11月，杨靖宇率部在濛江县（今靖宇县）一号桥伏击了尾随其后的日军，战斗取得了胜利，却暴露了行踪。1940年1月29日、2月2日、2月4日连续遭到敌人的几次围堵，部队损失惨重。2月15日，杨靖宇身边只剩6名战士，他让4名伤员往回走找部队会合，而他带2名警卫员继续向前突围。2月18日，2名警卫员在出去找衣服和粮食时不幸牺牲。茫茫林海、天寒地冻、雪深过膝，杨靖宇孤身一人饥饿与伤病交加，在濛江县保安村三道崴子的一个破旧地戗里度过了人生的最后一个夜晚。2月23日，敌人接到上山打柴村民的告密，便先后派出约200人的讨伐队包抄杨靖宇。

杨靖宇将军手持双枪沉着应战，以顽强的毅力和敌人战斗到生命的最后一刻。牺牲前靠在一棵大树上，立而不倒，怒目而视，使鬼子们久久不敢靠前。当鬼子确信他已经牺牲后，纷纷围拢过来，向他鞠躬致敬。杨靖宇将军牺牲时年仅35岁。

风云惨淡，日月无光，青山垂首，大河呜咽……当地人为了怀念靖宇将军，编成了这样一首歌谣：“十冬腊月天，松柏枝叶鲜，英雄杨靖宇，常活在人间。”

杨靖宇同志牺牲后，日军残忍地割下了他的头颅，剖开了他的腹部，发现他的胃里没有一粒粮食，只有树皮、草根和棉絮。日本人惊叹道：“中国竟有如此威武不屈的人。”

当时，伪通化省警务厅长岸谷隆一郎却没有感到战斗胜利带来的丝毫快乐，反而让他陷入了困惑和极度的不安中。他开始怀疑日本是否能战胜中国。在怀疑与纠结中，他度过了侵华战争的最后几年。1945年日本战败前夕，他毒死了自己的妻子和儿女们后，剖腹自杀了。他在遗书中说，“日本发动对中国的战争是不合适的，中国有杨靖宇这样的铁血军人，一定不会亡国”。

杨靖宇这位威武不屈的民族英雄，优秀的共产主义战士，牺牲 18 年后，东北人民怀着无比崇敬的心情，将他安葬在吉林省通化市靖宇陵园。将杨靖宇将军牺牲地濛江县改名为靖宇县，并在靖宇县设立杨靖宇将军殉国地以示纪念。毛泽东、周恩来、朱德敬送了花圈。朱德委员长亲笔题词“人民英雄杨靖宇同志永垂不朽！”

英魂已去，精神永存！杨靖宇同志，永远活在我们的心中！

## 第七节 松原查干湖旅游度假区

**【基本概况】**

查干湖，蒙古语为查干淖尔，位于吉林省松原市前郭县西北部，处于嫩江与霍林河交汇的水网地区，总面积 500 平方公里，湖面南北长 37 公里，东西平均宽 17 公里，年均蓄水量约 7 亿立方米，是吉林省最大的内陆湖泊，全国七大淡水湖之一，是国家级自然保护区和中国县域旅游品牌百强景区，是东北重要渔业生产基地，吉林省西部草原旅游风景区，吉林省发展生态环保型效益经济的示范区。查干湖环境优美，景色秀丽，夏日的查干湖碧波万顷、如茵绿草水天一色，冬季的查干湖银装素裹，如一块硕大的碧玉镶嵌在飞雪茫茫的北国，每年农历十一月举行神秘的查干湖“祭湖醒网”仪式。查干湖历史悠久，文明璀璨，有我国唯一一座以渔猎文化为主题的博物馆，渔猎活动是人类原始时期的主要生活方式之一，2008 年“查干湖冬捕习俗”被列入国家级非物质文化遗产名录。2018 年 9 月，习近平总书记视察查干湖生态保护情况并希望查干湖这块“金字招牌”越擦越亮，如今的查干湖“春捺钵、夏尚荷、秋观鸟、冬渔猎”，一幅既烂漫瑰丽又热闹红火的生态与旅游共生画卷精彩纷呈，坚持保护生态与发展生态旅游相得益彰。

**【讲解技巧】**

本篇导游词是介绍松原查干湖旅游度假区，这是渔猎文化的发源地，也是当今生态旅游发展的示范区。导游员要讲好查干湖的风景、历史和文化特色，语言形式上要丰富，表达上要生动、形象和风趣，讲解方法上与内容匹配度要好，带给游客丰富的知识和幸福的体验。

查干湖旅游度假区和渔业资源概况讲解部分，应注意语言的准确性，采用简述法，将查干湖的概貌和渔业资源概况介绍清晰，让游客对查干湖有个初步印象。

查干湖“春捺钵”习俗由来部分，主要是讲解历史由来，历史人物和事件，可采用述古法，通过还原历史场景、讲述历史发展，让游客了解查干湖“春捺钵”文化，丰富游客的历史知识，使他们运用形象思维更好地了解眼前的景观。

冬捕仪式“祭湖·醒网”是讲解的重点，也是精华部分，它是查干湖冬捕最神秘的环节，可选用悬念法和感慨法，对仪式进行的过程设置悬念问题，激发游客的好奇心和求知欲，对宏大壮观的冬捕活动，可选用感慨法，用寓情于景，富有哲思性的语言激发游客的情绪，慨叹人类的文明和劳动者的创造奇迹，引发游客对历史的敬畏和对当下的保护与传承。

**【导游词】**

游客朋友大家好！

欢迎您来到国家级自然保护区——查干湖参观游览。我是您本次查干湖生态度假之旅的导游员 ×××，很高兴能为您提供讲解服务。

大家眼前的这片水域就是查干湖了，查干湖蒙古语为“查干淖尔”，意为白色圣洁的湖，是全国七大淡水湖之一，也是吉林省最大的内陆湖泊。保护区横跨大安市、乾安县和前郭尔罗斯蒙古族自治县，主体部分位于前郭县境内，距松原市区约 45 公里，属内陆湿地和水域生态系统类型，总面积为 506.84 平方公里。

查干湖以大湖湿地、草原风光、蒙古族风情、渔猎文化为特色，已经成为吉林省著名景区。区内分设度假区中心区、草原风光和蒙古族风情旅游区、水上娱乐休闲区、野餐野营区、湿地生态旅游区、农业观光区、石油产业观光区 7 个旅游功能区。

提到查干湖自然资源，可谓是非常丰富，这里是吉林省著名的渔业、苇业生产基地，盛产鲤鱼、鲢鱼、鲫鱼等 15 科 68 种鱼类，年产鲜鱼 5000 多吨。其中“查干湖胖头鱼”经国家绿色食品认证中心认证为 2A 级绿色食品，远销海内外，成为吉林省著名商标和中国名牌农产品。

“昔日帝王猎巡地，今朝生态鱼米乡。”辽代自圣宗皇帝起，直至天祚帝，每年都要带领群臣嫔妃，千里迢迢来到查干湖畔的长春州“春捺钵”，在湖面凿冰捕鱼，用皇帝亲自钓上来的“头鱼”在岸边大帐摆下“头鱼宴”款待大臣使节。当春风吹绿湖畔草原的时候，查干湖畔大雁高翔、天鹅鸣唱，辽帝亲自放飞“海东青”，捕来的头鹅被用来举行“头鹅宴”，君臣们在湖畔饮酒娱乐，歌舞狂欢，直至春尽方还。

捺钵，为契丹语“行宫”的音译。辽朝虽先后以辽上京和辽中京作为首都，但是其政治核心不在首都，而在捺钵。由于契丹族转徙不定、车马为家的特性，决定了皇帝的巡狩制，一切重大政治问题均在捺钵随时决定，是处理政务的行政中心。

夏日，查干湖碧波万顷，两岸花开香溢四野，渔歌婉转，橹声咿呀，更添流云鹤影。秋天，烟波浩渺的查干湖气爽风轻，蓝天悠悠，芦花扑面，雁阵南归。冬季，银装素裹的查干湖像一块硕大的碧玉镶嵌在飞雪茫茫的北国，一串串冬捕的爬犁往来穿梭，高亢激越的渔工号子驱逐了寒冷，沉甸甸的大网拉出了鳞光耀眼的鲜鱼，欢腾着丰收，跳跃着喜庆，激活了冬日查干湖的雄浑壮美。

查干湖冬捕，又誉为冰湖腾鱼，是一年一度的“中国·吉林查干湖冰雪渔猎文化旅游节”最壮观的一项节庆内容，每年的 12 月下旬开网，至次年的 1 月下旬收网，鲜鱼年产量可达百万千克，先后于 2006 年、2008 年和 2017 年以单网冰下捕捞 10.45 万千克、16.8 万千克和 26 万千克三创“规模最大的冬网捕鱼”的吉尼斯世界纪录。2008 年，“查干湖冬捕习俗”被列入国家级非物质文化遗产名录。

神秘的八角鼓激荡着古老的梦幻，不但留下历代帝王亲临查干湖的千古佳话，也传承下来神秘、神奇、神圣的查干湖“冬捕祭湖”与“头鱼宴”的习俗。

“祭湖·醒网”仪式是查干湖冬捕中最神秘的一个环节，整个祭祀过程极具民族特色和神秘色彩，是中国北方渔猎文化的代表，主要有跳查玛舞、诵佛经、鱼把头唱祭词、祭祀天父地母和湖神、喝壮行酒等活动。被业内专家学者称为“最后的渔猎部落”“地球上与青藏高原一样珍贵的一块原地”“北纬 45 度线以北绝无仅有的活态冰雪渔猎文化遗存”。

“仁者乐山，智者乐水”，在查干湖总有一处你想要的风景和去处。现在大家看到的湖东岸有一片高高的丘陵，那就是青龙山，当地百姓称为“青山头”。青龙山实为丘陵，因似一条静卧在湖畔守护一池圣水的龙的头部而得名，从青山头曾经出土的古人类化石被古人类学家称为“青山头人”。考古证明，早在 1.3 万余年前的旧石器时代晚期，就有古人类在这里居住，一直到距今四五千年的新石器时代，人类仍然在这里繁衍生息。这是迄今为止在吉林省西部地区发现最早、延续时间最长的古人类。

查干湖也是动物的乐园，鸟类的天堂。在湖畔草原和湖中小岛中有狐、兔、獾等野生动物23余种，在保护区栖息繁衍及过往停歇的鸟类共有271种，占全省鸟类总数的 73%。其中国家一级重点保护的鸟类有东方白鹳、黑鹳、丹顶鹤、金雕等 17 种；国家二级重点保护的鸟类有大天鹅、白枕鹤、灰鹤、白琵鹭等 48 种；昆虫 446 种，植物 446 种，其中具有药用价值的 149 种。

野鸭湾始建于 2003 年，位于查干湖北岸，这是集鸟类救助、环保科普、湿地观光于一体的湿地公园，占地约 40000 平方米，鸟类救护养殖设施区为 18000 平方米。现有国家一二级保护鸟类和野鸭、大雁等共计 30000 多只。为了保护查干湖湿地生态环境，修建了水禽救助繁育中心，实施养殖污染治理工程，将生态围塘与面源污染综合整治相结合，对野鸭湾湿地进行了保护与恢复。为方便游客近距离观赏鸟禽，“野鸭湾”修建了一条全长 1599 米的环湖湿地栈道，栈道曲径之上建有 8 个凉亭，游人既可坐听栈桥下鸭雁鸣唱、鱼跃戏水，近赏湿地蒲苇舒展腰肢、婀娜曼舞，又可凭栏远眺浩渺大湖的扬波逐浪。

游客朋友们，大家欣赏过了烟波浩渺的湖面、绿海如涛的芦苇荡、遮天蔽日的鸥鸟雁鸭，接下来，欢迎大家继续参观藏传佛教寺院——妙因寺，全国第三处成吉思汗纪念馆——成吉思汗召，独具特色的渔猎文化博物馆，异地重建的郭尔罗斯王爷府，还有承载历史的满蒙文碑，移江借水的引松纪念碑以及辽金重镇塔虎古城。这里不仅有怡然自乐的竹筏漂流、水上自行车、脚踏船，还有高速刺激的快艇。不仅可以骑骆驼、骑马、骑双人自行车慢慢欣赏风景，还可以乘坐电瓶车、自驾车游览观光。不仅可以参与骑马、射箭、投布鲁，还可以到省内唯一一家民用射击场感受真枪实弹的刺激。

好了，游客朋友们，我的讲解就到这里结束了，感谢您的合作，期待着与您再次相逢！

## 第八节　珲春防川国际旅游区

**【基本概况】**

珲春防川国际旅游区，位于吉林省珲春市防川村，刚好处于中朝和朝俄界河图们江的日本海入海口，即中朝俄交界的鼎足地带，是长吉图开发开放先导区最东端的景区，人称“东方第一村”。

防川东面是俄罗斯的边境铁路小站包得哥尔那亚，西南面隔图们江与朝鲜豆满江市相望。俄朝的这两个城市由图们江上的一座铁路大桥相连接，是联结俄朝陆路贸易的唯一纽带。从防川沿图们江顺流而下，经 15 公里即进入日本海，最近处（俄罗斯方向）距离日本海直线距离约 10 公里。可成为中国同俄罗斯、日本、朝鲜半岛乃至东北亚国家和地区进行贸易的“海上丝绸之路”。从防川沿图们江出海到俄罗斯的波谢特港仅 16 公里，距海参崴 120 公里。

珲春防川国际旅游区，蕴藏着丰富的自然旅游资源和人文旅游资源，这里有“鸡鸣闻三国，犬吠惊三疆”的一眼望三国景点，有金玉生辉、碧水环绕的绿洲沙漠，还有生长着具有 1.35 亿年历史的图们江红莲等自然景观，也有清代勘立的中俄土字牌，日苏张鼓峰战役遗址，防川朝鲜族民俗村等人文景观。优美的风景、浓厚的历史文化，为防川风景区增添了无与伦比的迷人色彩。

【讲解技巧】

珲春防川国际旅游区既有自然旅游资源，又有人文旅游资源，景点较多，各具特色。导游员在讲解过程中，要根据团型特点和游客需求，有重点有针对性地进行讲解服务，注意采用不同的用词和语言表达方式，语气上要亲和富有逻辑性。

鉴于本篇讲解依次介绍了阳关坪路堤、吴大澂广场、金沙滩欢乐谷、防川民俗村、图们江流域民俗文化展览馆、春江花月主题乐园、春江花月主题乐园、龙虎阁、龙虎石刻、土字牌等，各部分景点相对独立，因此建议采用分段讲解法。导游员可以在去往景区的大巴车上或者景区示意图前讲解此篇讲解词，使游客对即将游览的景点形成初步印象，达到“见树先见林”的效果。讲解过程中要注意两点：其一选择和使用适当的连接词，使各景点之间有序衔接，保证导游词贯通流畅；其二讲解须详略得当，根据游客特点和需求，选择不同的景点进行深挖和扩充，避免平铺直叙，索然无味。

鉴于导游词涉及景点较多，知识点较多，建议结合问答法，增加与游客的互动，一方面活跃游览气氛，激发游客的想象思维，另一方面使游客获得参与感或自我成就的愉悦感。

【导游词】

各位游客大家好，欢迎来到珲春防川国际旅游区旅游观光，我是导游员 ×××。

珲春防川国际旅游区（以下简称“防川景区”），地处图们江下游中、俄、朝三国交界地带，既有三国交会的边疆特色，也有民族融合的人文特色，素有“雁鸣闻三国，虎啸撼三疆，花开香三邻，笑语传三邦”之美誉。防川景区 2002 年被批准为国家级风景名胜区，2009 年入选“吉林八景”，2013 年被评为国家 5A 级旅游景区，2020 年被评为省级旅游度假区。景区内有阳关坪路堤、吴大澂雕像广场、金沙滩欢乐谷、防川民俗村、图们江流域民俗文化展览馆、春江花月主题乐园、图们江第一码头、龙虎阁、龙虎石刻、土字牌等景点。

这里是阳关坪路堤。历史上的防川曾孤悬海外，与内地之间只有两处“地狭”。1957 年，最窄的阳关坪段被图们江水冲断，我国公民长期借走苏联领土进出此地，防川地区遂成为我国的一块“飞地”。1985 年和 1992 年，政府两次投资1200多万元建设阳关坪路堤，经过挖石填江，填土筑路，在图们江中属于中国的“领江”上修建了一条长888米、宽8米的江堤公路，曾被称为“中国最窄的领土”。为了方便游客出行，2019年9月珲春市将该堤面拓宽至13.5米。

现在我们来到了吴大澂广场。吴大澂雕像是珲春人民为纪念爱国功臣吴大澂而建立的。吴大澂初名大淳，字止敬，号恒轩，江苏省吴县人，清代官员、金石学家、书画家。1886年，吴大澂任中国首席代表与珲春副都统依克唐阿在岩杵河同俄国进行勘界会谈，于1886年10月12日正式签订《中俄珲春东界约》及《中俄查勘两国交界道路记》。重立“土”字牌、收回黑顶子地方、争得中国船只在图们江口的航行权等，吴大澂以“一寸土地尽寸心”“应争者必争、应办者必办”的爱国情怀捍卫了祖国的神圣领土和民族尊严。

现在大家看到的是金沙滩欢乐谷。金沙滩欢乐谷占地面积1.19平方公里，景区内沙海景观充分展现了大自然化沧海为桑田的伟大神力。金沙滩欢乐谷因地制宜的建设有儿童乐园、玻璃吊桥、彩虹滑道、速降滑索、疯狂沙滩车等趣味无穷的娱乐项目，金沙滩欢乐谷因此成为集沙海观光、亲子娱乐、沙地运动为一体的游玩胜地。

接下来，我们来到了防川民俗村。防川村历史悠久，被誉为“东方第一村”。据史料记载，防川村是唐渤海国时期海上“丝绸之路”的起点，更是东北亚的“黄金水道”。2019年在原址重建，这些黑瓦白墙的建筑就是朝鲜族的传统民居，所有建筑整体设计风格具有浓郁的民族特色，其风格特点是在1700多年前形成的，建筑及装潢处处彰显中国朝鲜族的文化特征和地方特色。防川村内设有风情酒店、朝鲜族民宿、民俗餐厅、购物店、莲花阁民俗演艺中心、朝医康养理疗室等。近年来，珲春市坚持将历史人文资源和自然生态资源禀赋作为旅游发展的基础，将防川村勾勒成一幅山清水秀、天碧地绿的美丽乡村画卷。防川村先后被评为首批省级乡村旅游重点村、中国少数民族特色村寨、全国“一村一品”示范村、“中国民族文化旅游示范基地”，2022年6月被评为吉林省“十大”乡村旅游精品村。

现在我们眼前看到的是图们江流域民俗文化展览馆。展览馆位于防川张鼓峰山下，总占地面积3.6万平方米，展品以满族、朝鲜族的发展历程、民俗风情为主，展示了满族和朝鲜族鲜明的民族特色及防川丰富的人文历史。为游客了解防川、了解少数民族文化提供了重要平台。同时，展览馆充分发挥地域文化和专题展馆优势，把握主题，是铸牢中华民族共同体意识和宣传民族团结进步的经典之作。

这里是春江花月主题乐园。春江花月主题乐园位于防川村东侧，占地面积 0.4 平方公里，园内设有萌宠乐园、小火车、花海、环形木栈道等。每年 6 月，牡丹、孔雀草、牵牛花等五颜六色的花朵竞相开放，芬芳馥郁的花香吸引着众多游客和市民纷纷前来驻足赏花、拍照，把一个个美好的瞬间定格在镜头中，构成了一幅美丽的自然画卷。

现在我们来到了图们江第一码头。图们江第一码头建立于 2014 年，位于防川景区内，码头距日本海入海口 15 公里。图们江第一码头主要运营项目有图们江水上游和中朝图们江跨江游。2018 年 12 月，防川对朝旅游通道正式获批。2019 年 1 月，中朝图们江跨江游正式开通运营。游客可乘图们江第一码头快艇抵达朝鲜豆满江码头，换乘旅游大巴前往朝鲜豆满江旅游观光。

眼前这座建筑是龙虎阁。龙虎阁作为防川景区的地标性建筑，是一眼望三国的最佳观赏区，也是迎接曙光的最佳地点。龙虎阁共 12 层，总高 64.8 米，其主体建筑底部为堡垒式设计，体现中华民族传统建筑文化，寓意边关堡垒坚不可摧。龙虎阁 1 层为东北虎豹之乡生态体验馆，6~9 层展厅主要介绍民族英雄吴大澂的历史功绩、珲春人民奋起抵御外敌、为东北解放作出的巨大贡献以及珲春的发展和未来规划。登上龙虎阁 10~12 层瞭望台可“一眼望三国”，脚下是中国领土，右侧与朝鲜民主主义人民共和国的豆满江里隔江相望，左侧与俄罗斯滨海边疆区哈桑镇陆路接壤。前面横跨于图们江的铁路大桥是连接俄罗斯与朝鲜的唯一通道。

现在大家看到的是龙虎石刻。龙虎石刻坐落于龙虎阁 1 层，高 1.40 米、宽 1.38 米，在花岗岩上并排阴刻篆书“龙虎”二字，左下竖刻“吴大澂书”。光绪七年（1881），吴大澂查边至此，帮助边民整修房屋，设立劝农所，组织边民抗击沙俄，凉水泉子日益兴盛。为纪念吴大澂功绩，凉水泉子村民求书于吴大澂。吴大澂奋笔疾书，以“龙盘虎踞”缩写，写下“龙虎”二字，意在表明华夏民族作为龙的传人，龙虎声威，誓死保卫边疆，捍卫祖国。龙虎石刻于 1981 年 11 月被吉林省人民政府评为省级重点文物保护单位，2013 年经吉林省文物局批准，龙虎石刻由珲春市龙源公园迁移至此。

矗立在此的是土字牌。土字牌于 1886 年中俄重勘珲春东部边界时重立，清朝督办边务大臣、都察院副都御史吴大澂向俄国勘界官员据理力争，将俄国擅自立于阳关坪处的土字牌南移到这里，从而争回了被俄国非法占据的黑顶子。土字牌高 1.44 米，宽 0.5 米，厚 0.22 米，为花岗岩质，我国一侧竖向刻有“土字牌”，其左竖刻有“光绪十二年四月立”，俄侧刻有俄方“T”字，土字牌牌体完整，字迹清晰。1994 年 12 月土字牌被吉林省委、省政府命名为省级爱国主义教育基地，2003 年 10 月被确定为省级国防教育基地，2009 年 9 月被确立为国家级国防教育基地，2019 年 10 月入选第八批全国重点文物保护单位名单。

各位游客，今天的游览到这就要结束了，希望大家通过我的讲解，能够记住这个迎接新世纪第一缕曙光，能够一地望三国的地方，它的名字叫防川。

## 第九节 吉林雾凇

**【基本概况】**

吉林雾凇以其“冬天里的春天”般诗情画意的美，同桂林山水、云南石林、长江三峡并称为中国四大自然奇观。在吉林，我们通常叫雾凇为“树挂”，它是雾和水汽遇冷结冰而形成的一种气象景观，分粒状、晶状两种。吉林雾凇属于晶状类，它必须在有水汽、气温 –25° C 以下、不大于三级风的天气里才能形成，正由于形成的条件如此苛刻，才被列为中国的四大自然奇观之一。

欣赏雾凇时段分三个阶段，分别为“夜看雾”“晨看挂”“待到近午赏落花”，即在雾凇形成的前夜看江上的雾景，当天早起看树挂及正午时分看雾凇如花飘落。

欣赏雾凇的地点很多，其中吉林市松江中路是久负盛名的雾凇观赏区，阿什雾凇观赏带位于吉丰东路原吉诺尔电冰箱厂至阿什哈达摩崖处的松花江畔，是出现雾凇的概率较高的地区。两座著名的大型滑雪场北大湖和万科松花湖形成了高山雾凇观赏带，是吉林市的一大特色。

欣赏雾凇之美，参加“国际雾凇冰雪节”，在欢腾的节日氛围里，中外游客寒江赛龙舟、雪地品火锅，赏雾凇、泡温泉，尽兴而来，满意而归。在银装素裹中，体味吉林人民美丽的心灵。

**【讲解技巧】**

本篇导游词内容丰富，既有知识性讲解，阐述雾凇形成过程，又有景观性描述，介绍雾凇景观特点，所以需要根据讲解内容选择适当的讲解方法。

对于雾凇的历史记载和形成原因，导游员要特别注意用词的准确性，对于引用内容，一定说明清楚出处，应掌握相关拓展知识，以便游客询问。在讲解方法上，建议使用类比法、巧用数字法和制造悬念法。对于雾凇形成的条件和雾凇景观的影响方面，用准确的数字进行专业的讲解，使游客信服。利用制造悬念法讲解雾凇形成原因，引发游客思考：为什么只有吉林市有如此规模的雾凇美景？由此，使游客深入思考，融入游览过程中。

对于欣赏雾凇的三个阶段，内容包含大量描述性语句，将雾凇的美生动鲜活地呈现在游客面前，这一部分，建议导游员采用画龙点睛法。导游员用凝练的语句概括所雾凇的独特之处，给游客留下突出印象。导游员以简练的语言，点出雾凇美、奇、仙的特点，帮助游客进一步领略其奥妙，获得更多更高的精神享受。

**【导游词】**

游客朋友们：

大家好，我是你们的导游员 ×××。欢迎大家来到北国江城吉林市，在全国唯一一座与省同名的城市观赏雾凇。

“雾凇”一词最早见于南朝宋的文学家吕忱所编的《字林》里：“寒气结冰如珠，见日光乃消，齐鲁谓之雾凇。”这是最早见于文献记载的“雾凇”一词。

雾凇，俗称“树挂”。因凝华在江畔的垂柳枝条上尤为动人，又被美誉为“雪柳”。人们常引用唐朝岑参的诗句“忽如一夜春风来，千树万树梨花开”来形容雾凇。原来人们把吉林雾凇与桂林山水、云南石林和长江三峡并称为中国四大自然景观。但与其他三个常态化的景观不同，吉林雾凇是冬季的即时景观。旅游专家魏小安在2000年到吉林市考察研讨后，建议按同类景观属性来认定和推广吉林雾凇更为恰当。于是就有了吉林雾凇与黄山云海、泰山日出、钱塘江潮并称为中国四大气象奇观之说，后来也有人叫它气象奇观。

吉林雾凇有着“冬天里的春天”般诗情画意的意境美，每当它出现时，“一江寒水清，两岸琼花凝”。1991年，江泽民同志在吉林市视察期间恰逢雾凇奇观，即兴吟道：“寒江雪柳，玉树琼花，吉林树挂，名不虚传。”1998年他又专为雾凇赋诗并手书：“寒江雪柳日新晴，玉树琼花满目春。历尽天华成此景，人间万事出艰辛。”

1995年，国家邮政局发行了一套2枚的邮票，即《寒江雪柳》与《玉树琼花》。

那么吉林雾凇是怎样形成的呢？

吉林市江畔浓厚的雾凇始于1943年丰满水电站大坝建成首台机组投产发电以后。

松花江千万年来，冬冰夏水，周而复始。在吉林市段，江水穿城曲折而过。从市区溯江而上，即是中国第一座大型水电站，被誉为“中国水电站之母”的丰满水电站。水电站的截江大坝高90余米，它将松花江拦成两段：大坝以上形成人工湖泊，即松花湖；湖水从坝底的水轮机口冲出，即大坝以下的松花江江水。冬季，尽管室外寒风凛冽，松花湖湖面一抹如镜、冰冻如铁，但从坝底水轮机口冲出的湖水，水温4℃左右，流动的湖水与外部温度形成20℃左右的温差，江面常年飘浮雾气。在一定的气压、风向、温度、湿度等条件下，凝华在江边的树枝等固体上，就形成了雾凇。

2019年9月位于吉林市松花江上游的丰满水电站新大坝首台机组正式并网发电、投入运营，吉林雾凇形成的原理依旧。吉林雾凇由于它得天独厚的自然条件，因而持续时间长、厚度大、出现次数多。

每年12月下旬至翌年2月上旬，是观赏雾凇的最佳时节。吉林市雾凇年平均出现30次左右。

人们把观赏雾凇的过程形容为三个阶段，“夜看雾，晨看挂，待到近午赏落花”。

“夜看雾”，是指在雾凇形成的前夜，观看松花江上的雾景。

大约在夜里10时，随着气温的不断下降，水面与空气的温差越来越大，江面雾气弥漫蒸腾，大团大团的雾气逐渐笼罩住整个江边景物，宛若云海仙境。

“晨看挂”，是说清晨起来看树挂。

清晨醒来，只见昨天还光秃秃的枝条，一夜间裹满白色的“柳絮”。映着朝阳、衬着蓝天，长堤十里银世界，松花垂柳是凝华。这时手执一串冰糖葫芦，红的像火、白的如玉、蓝的似海，没有人不用照相机来捕捉这如梦似幻的晶莹瞬间。突然，你看看我，我看看你，人们惊讶地发现，不知何时，每个人的头发、眉毛上也都结满了绒嘟嘟的“雾凇”。

“待到近午赏落花”，是观赏雾凇脱落的情景。

上午10点左右，阳光渐渐融化雾凇的“冰心”，只见树枝上的雾凇一片片、一串串地随风飘落，似雪非雪，如棉含冰。

雾凇不仅带给我们感观上美的享受，它还有许多独特的功能。

据研究，雾凇是天然的“清洁器”。这是因为雾凇具有净化空气的功能。雾凇在形成之初，有一种叫“凇附”的现象，它可以吸附空气中的悬浮微粒，起到净化空气的作用。所以，人们在观赏雾凇时，会感到空气格外清新。

雾凇也是天然的“负氧离子发生器”。当有雾凇时负氧离子会增多。据测，在有雾凇出现的松花江畔，负氧离子每立方厘米可达数千个，比平时多5倍以上。

雾凇还是城市的“消音器”。雾凇作为晶状体，包裹枝条等固体时分布浓厚、结构疏松，且密度小，空隙大，对音波反射率低，能吸收和容纳大量音波，所以有雾凇出现的密林格外幽静。

在吉林市，因风向和江岸走向带来的空间环境不同，形成了不同特色的雾凇观赏带。

吉林大桥西北侧的松江中路是吉林市的景观路，也是久负盛名的雾凇观赏区。这里长堤绵延，雪柳不尽。摇橹人像、天主教堂、吉林大桥、无限江堤四者次第呈现，它们是雾凇美景最好的旁白。

阿什雾凇观赏带位于吉丰东路原吉诺尔电冰箱厂至阿什哈达摩崖处的松花江畔，这里出现雾凇的概率较高。因江堤下的江水刚从丰满大坝底部流出不久，温度相对较高，与地面空气形成较大温差。加之沿江遍植垂柳，是名副其实的“雾凇长廊”。且这里因交通便利，是市区前往松花湖的必经之路，成为新晋的网红打卡地。

松花江水从丰满大坝流出约 35 公里后，将结冰封冻。在封冻段上游的江水中，散落着几座小岛。其中韩屯村与曾通村所在的小岛因四面环水，“雾凇仙子”几乎天天降临。这里树木造型美观、满族风情浓郁，被游人亲切地称为“雾凇岛”。

和滑雪场融为一体的高山雾凇观赏带，也是吉林市的一大特色。

两座著名的大型滑雪场北大湖和万科松花湖就建在吉林市城区的周边。从滑雪场山顶俯瞰群山，白雪皑皑、林海茫茫，雾凇、雪凇的美景频繁掠过眼前。如果能穿上雪板，在凇林中风驰电掣，何尝不是一种美妙的体验。

吉林市自 1991 年起，多次举办“国际雾凇冰雪节”，现已成为提升吉林省旅游形象的亮丽名片。在欢腾的节日氛围里，中外游客寒江赛龙舟、雪地品火锅，赏雾凇、泡温泉，尽兴而来，满意而归。在银装素裹中，体味吉林人民美丽的心灵。

游客朋友们，我们今天雾凇的讲解就到这里，预祝您接下来的旅程一路顺利，期待下次的重逢！再见。

## 第十节　吉林省博物院

**【基本概况】**

吉林省博物院位于长春市高新技术产业开发区永顺路 1666 号，是一座拥有 70 余年历史的国家一级博物馆，直属于吉林省文化和旅游厅，现有文物藏品 12 万余件，始自远古，及至现代，精华荟萃，内涵丰富。高句丽、渤海、辽金时期的文物及中国历代书法绘画、东北抗日联军等文物的收藏独具特色，代表性的文物有北宋苏轼《洞庭春色赋》《中山松醪赋》行书卷、南宋杨婕妤《百花图》卷、金张瑀《文姬归汉图》、东汉错金银“丙午神钩”铜带钩、汉白玉耳杯、辽契丹文八角铜镜等，在国内博物馆界占有重要地位。

博物院主要展品包括：基本陈列《白山松水的记忆——吉林省历史文化陈列》《张伯驹馆》《吉林故事——吉林省非物质文化遗产展》《破晓——吉林人民革命斗争史》等和其他临时展览。吉林省博物院为中国博物馆协会常务理事单位，全国中小学生研学实践教育基地，中共吉林省省直机关文明单位、吉林省爱国主义教育基地、吉林省社会科学界联合会科普基地、吉林省博物馆协会科普基地、长春市中小学生优秀传统文化教育实践基地、长春市中小学生社会实践教育基地、长春市五育基地等。

**【讲解技巧】**

近年来，“博物馆热”已经成为一个社会话题。从 2016 年开始，文博相关的影视节目陆续受到热捧，如纪录片《我在故宫修文物》、综艺节目《国家宝藏》《如果国宝会说话》等。习近平总书记指出，“让收藏在博物馆里的文物、陈列在广阔大地上的遗产、书写在古籍里的文字都活起来”。各地博物馆在加强文物保护利用和文化遗产保护传承的基础上，注重文物价值挖掘阐释，讲好中国故事，让文物活起来。

本篇导游词重点讲述了吉林省博物院的基本陈列“白山松水的记忆——吉林省历史文化陈列”。在描述过程中没有大篇幅地来讲解某一件文物的故事，而是将重点放在整个吉林省的历史脉络上。跟随这些文物的脚步，从 100 万年前的吉林大地的文明曙光到 100 多年前的明清华章。吉林省的历史发展是多个民族文化不断交流融合的结果，因此在讲解吉林省博物院时，要重点突出各民族共同创造中华民族文化的恢宏历史进程。

在讲解本篇导游词时还要厘清吉林省历史的线性故事结构。根据各单元主题、年代顺序及逻辑关系将展览内容联系起来，使讲解内容有较强的内在逻辑和情节性。通过清晰的线性故事结构脉络，很容易把游客带入故事中，引导游客开启惯有的认知模式，让展览内容更容易被接受和理解。

**【导游词】**

游客朋友们，大家好，我是导游员 ×××，欢迎您来到吉林省博物院！

吉林省博物院是国家一级博物馆。1951 年筹建，1952 年在吉林市开放，1954 年随省政府迁至长春市；建筑面积 3.2 万平方米，其中陈列开放区 17700 平方米；现有馆藏文物 12 万件（套），以中国历代书画、考古品、传世珍品、近现代抗联文物的收藏为特色；是全国研学基地、吉林省爱国主义教育基地、吉林省科普教育基地。

“白山松水的记忆——吉林省历史文化陈列”是吉林省博物院的基本陈列。陈列共分文明曙光、汉唐古韵、松漠雄风、明清华章四部分，展出3000多件（套）文物。这里生动地展现了自有人类活动以来，吉林省的沧桑历史与变迁，反映了边疆各族人民不断地交流融合，共同创造中华民族文化的恢宏历史进程。

第一部分：文明曙光

1990年，吉林省考古工作者在前郭尔罗斯蒙古族自治县哈拉毛都乡王府屯发现一批石器，有研究者认为是属于100万年前人类的遗物。

100万年前的古人已经能制造出这样的石制工具，非常不容易。此外，吉林省的旧石器时代遗址还有桦甸寿山仙人洞、榆树周家油坊、安图人和蛟河砖厂等。

吉林省新石器的遗址数量众多，长岭腰井子是西部地区的新石器文化遗址，内涵丰富。

白城靶山遗址出土的骨柄石刃刀是这一时期的重要复合工具。

左家山遗址是吉林省中部的代表性遗址，奠定了新石器时代的文化谱系。您现在看到是左家山遗址出土，被称为“吉林第一龙”的石龙复制品，原件收藏于国家博物馆。为探索中华龙文化的起源提供了新的线索。

大六道沟遗址、金谷遗址和兴城遗址一期，是长白山地和图们江流域较有代表性的新石器遗址。

目前，吉林省发现的青铜时代的遗址共有1137处。著名的西团山文化，年代在西周初年到战国末期。

汉书遗址一期年代在西周，二期在战国至汉初。汉书文化属于渔猎为主，兼有农业和畜牧业的社会类型。

青铜短剑是吉林省极具代表性的青铜兵器。

第二部分：汉唐古韵

汉唐时期的吉林大地上活跃着夫余、高句丽、渤海等民族。夫余国自公元前二世纪建立到494年被勿吉人灭亡，存国达600多年。今天，夫余国的榆树大坡、东团山、帽儿山相继被发现。

高句丽，活动在鸭绿江中游地区的古代民族。今天集安市的高句丽王城王陵及贵族墓葬，包括国内城、丸都山城、洞沟古墓群等已经列入世界文化遗产名录。

渤海国（698 ~ 926 年）是以粟末靺鞨族为主体建立的政权，又是唐中央政府的忽汗州都督府，管辖着牡丹江、图们江、松花江、鸭绿江流域为中心的广大地区，有“海东盛国”之誉。

渤海五京中的中京显德府（和龙西古城），东京龙泉府（珲春八连城）和西京鸭绿府（临江）都在吉林省境内。西古城考古被评为“2005 年全国十大考古发现”。

第三部分：松漠雄风

“松漠雄风”展厅，展示的是契丹人和女真人的历史与文化。

916 年，契丹人阿律阿保机统一契丹八部并建立了辽王朝。

扶余拉林河畔是完颜阿骨打誓师反辽故地，今天仍有大金得胜陀颂碑立在这里。

第四部分：明清华章

明代定都北京后，在东北设立了辽东都司、奴儿干都司等，并建立了 384 个卫所，其中有 70 多个在吉林省境内。吉林市的阿什哈达摩崖刻石的记载，就是明朝经略东北的重要历史见证。

阿什哈达摩崖位于吉林市江南乡阿什哈达村、吉丰铁路隧道南侧临江绝壁上，刻石记述了刘清率兵来到此地的历史事实。

16 世纪初，海西女真各部南迁到开原东北和吉林松花江一带，这里逐渐形成了哈达、叶赫、辉发、乌拉四部，史称扈伦四部。扈伦四部中的叶赫、辉发、乌拉三部都在吉林省境内。乌拉城位于吉林省永吉县乌拉街镇北，明万历四十一年（1613）被建州女真努尔哈赤率军攻毁。

满族是生活在白山黑水间的少数民族，1616 年努尔哈赤建立后金政权，1636 年皇太极改国号为清，1644 年，清兵入关，统一全国，建立了清王朝。康熙、乾隆七次东巡中有三次曾到过这里。康熙曾三次东巡，其中两次到达吉林。

长白山是满族发祥地，被清代统治者尊崇为“神山”。康熙皇帝东巡时，在松花江边曾望祭长白山。雍正十一年（1733）在吉林小白山兴建望祭殿，每年的春分和秋分由吉林将军任主祭官，带领东三省的文武官员代替皇帝在此望祭长白山神。

乾隆十九年（1754），乾隆帝东巡，率领众臣及眷属在望祭殿祭祀长白山神，并在祭典仪式上宣读了祭文。

游客朋友们，这里陈列着清代武士的铠甲、箭、八旗甲胄等。

八旗制度，是由努尔哈赤创立的一种军政合一的管理制度。

打牲乌拉，满语为布特哈乌拉，汉语之意为江河渔猎之地。顺治十四年（1657），在今永吉乌拉街设置打牲乌拉总管衙门。打牲乌拉总管衙门负责打牲丁采捕、进贡等事。

清代满族服饰，具有浓郁的民族特色和独特的装饰风格，堪称中国服饰史上别开生面的一章。

满族旗袍，满语称之为"衣介"。男子长袍为圆领、捻襟、箭袖，四面或两面开衩。女子旗袍的特点为宽大、平直、下长到脚。衣上绣满花纹，领、袖、裙上滚有花边，以显示其别致美观。满族人还喜欢穿马褂、坎肩，多穿在旗袍之外。

吉林省博物院《白山松水的记忆——吉林省历史文物陈列展览》就为您介绍到这里，感谢您的参观，欢迎您再次来到吉林省博物院，愿您在这里度过美好的一天！

## 第十一节　吉林省曲艺、戏曲艺术（吉林的舞台艺术）

**【基本概况】**

吉林省曲艺、戏曲艺术十分丰富，主要包括：吉林歌舞、高派京剧、吉剧、二人转、交响乐、民乐、曲艺、评剧，还有三大濒危戏曲剧种—满族新城戏、黄龙戏、朝鲜族唱剧。

吉林的舞台艺术，最具代表性的有四大品牌。

一是吉林歌舞，最具代表性的有三大院团：吉林市歌舞团、延边歌舞团和吉林省歌舞团。

二是高派京剧，由高庆奎所创，《辕门斩子》《斩黄袍》《斩马谡》连同《碰碑》四出戏合称"三斩一碰"，是高派代表作。《逍遥津》中［二黄倒板］

的长腔、《辕门斩子》中［娃娃调］的唱法，均独树一帜，堪称高派绝唱。高派第三代传人倪茂才主演的现代京剧《杨靖宇》荣获中国舞台艺术政府最高奖——“文华表演奖”。

三是吉剧，代表性剧目《桃李梅》《包公赔情》《搬窑》《燕青卖线》，其中《桃李梅》先后被10几个剧种的30余家院团移植，享誉全国。

四是二人转，四平市梨树县是中国的“二人转之乡”。二人转，就是两个人表演，一男一女，俗称一副架。

**【讲解技巧】**

主要运用陈述描绘法、分段讲解法、画龙点睛法等讲解方法。在讲解概况部分时，用陈述描绘法把吉林具有的美誉绘声绘色讲出来，恰当地引入吉林舞台艺术，再用分段讲解法分别介绍吉林舞台艺术，这样讲解吊足游客胃口，让人充满期待，从而增加游客的游兴。

本篇导游词的概况部分，用陈述描绘法进行讲解，“这里不仅有神秘的长白山、浪漫的粉雪，还有充满活力的吉林歌舞、生生不息的高派京剧、土生土长的吉剧、最具关东特色的二人转以及雅俗共赏的交响乐、民乐、曲艺、评剧，大自然的恩赐和祖先们的智慧共同书写了吉林厚重的文化底色。今天，我将带您走近吉林的舞台艺术，共同触摸吉林文化的脉搏”。让游客对吉林舞台艺术先有感观印象，对下一部分讲解充满期待，达到先入为主的效果。

介绍四大品牌时，用分段讲解法，“吉林的舞台艺术最具代表性的有四大品牌。首屈一指的是吉林歌舞……第二大品牌是……第三大品牌是……”用分段讲解法分别进行讲解，最后再讲解其他剧种。

在讲解“二人转分为单出头、二人转、拉场戏三种表演形式，二人转表演中，演员跳进跳出，一人分饰多角，可谓‘千军万马，全靠咱俩’，诙谐的表演，九腔十八调的唱腔，深受观众朋友们的喜爱”这段内容时，运用画龙点睛法进行讲解。其中“千军万马，全靠咱俩”，生动直观地表达出了二人转表演形式的特点，用简洁的语言，点出精华，帮助游客领略其奥妙，获得更多的精神享受。

**【导游词】**

各位游客大家好，欢迎您来吉林省旅游观光，我是你们的导游员 ×××，今天将由我带领你们走进大美吉林。

吉林省山明水秀，文化底蕴深厚。作为共和国长子，祖国的大粮仓，东北老工业基地，这里不仅有神秘的长白山、浪漫的粉雪，还有充满活力的吉林歌舞、生生不息的高派京剧、土生土长的吉剧、最具关东特色的二人转以及雅俗共赏的交响乐、民乐、曲艺、评剧，还有三大濒危戏曲剧种——满族新城戏、黄龙戏、朝鲜族唱剧。大自然的恩赐和祖先们的智慧共同书写了吉林厚重的文化底色。那么今天，我将带您一起走近吉林的舞台艺术，共同触摸吉林文化的脉搏。

吉林的舞台艺术最具代表性的有四大品牌。首屈一指的是吉林歌舞，又被称为“吉林歌舞现象”，最具代表性的有三大院团：吉林市歌舞团文化传媒股份有限公司 26 次登上央视春晚，参加过北京奥运会、建党 100 周年文艺演出等国家级大型活动，是吉林省一张流动的文化名片；延边歌舞团是我国唯一传承、研究和发展中国朝鲜族文化艺术的综合性表演团体，是我国文艺百花园中的一枝独秀；吉林省歌舞团有限责任公司是我省唯一的省级歌舞类国有文艺院团，以较强的原创能力承担大型演出的重任，在文旅融合新体验中发挥重要作用。

第二大品牌是高派京剧。在京剧老生的行当中，高庆奎所创高派，以唱腔高亢而独具一格，是我国京剧艺术中最具特色的流派之一。《辕门斩子》《斩黄袍》《斩马谡》连同《碰碑》四出戏合称“三斩一碰”，是高派代表作，蜚声剧坛。《逍遥津》中［二黄倒板］的长腔、《辕门斩子》中［娃娃调］的唱法，均独树一帜，堪称高派绝唱。吉林省戏曲剧院京剧团是高派艺术基地，吉林省戏曲剧院院长、高派第三代传人倪茂才凭借主演的现代京剧《杨靖宇》荣获中国舞台艺术政府最高奖——“文华表演奖”。

第三大品牌是吉剧。吉剧是吉林省的地方戏，1959 年年初创建，是中华人民共和国成立后64个新兴剧种中仅仅保留下来的15个剧种之一。60多年来，经过时间和观众的考验，历经岁月和时光的沉淀，越发浓烈醇厚，生机勃勃。代表性剧目《桃李梅》《包公赔情》《搬窑》《燕青卖线》被称为吉剧的“一大三小”，其中《桃李梅》先后被十几个剧种的 30 余家院团移植，享誉全国。

还有一个群众基础最深厚的品牌，就是吉林二人转。二人转有着 300 多年的历史，东北人常说：宁舍一顿饭，不舍二人转。可见东北人对二人转的热爱。四平市梨树县是中国的“二人转之乡”，您如果想听最正宗、最传统的二人转，来吉林就对了。二人转分为单出头、二人转、拉场戏三种表演形式，单出头就是一个人表演；二人转，顾名思义就是由两个人表演，一男一女，俗称一副架；三个及以上的人表演叫作拉场戏。二人转表演中，演员跳进跳出，一人分饰多角，可谓“千军万马，全靠咱俩”，诙谐的表演，九腔十八调的唱腔，深受观众朋友们的喜爱。

此外，吉林还有曲艺、评剧、杂技、话剧、满族新城戏、黄龙戏、朝鲜族唱剧等多种艺术形式。每到周末，在长春的大众剧场、桃李梅大剧院、省图书馆音乐厅都会开展京剧、吉剧、二人转、交响乐、曲艺等多种艺术形式的惠民演出，也欢迎您走进剧场，听一听东北味儿、看一看关东情，吉林文旅人将用精彩的演出陪您度过一个高质量的艺术之夜。

好了，游客朋友们，吉林的舞台艺术就为您介绍到这儿，期待您的下次光临！

## 第十二节　吉林省非物质文化遗产

**【基本概况】**

非遗，是指各族人民世代相传并视为其文化遗产组成部分的各种传统文化表现形式，以及与传统文化表现形式相关的实物和场所。包括：传统口头文学以及作为其载体的语言；传统美术、书法、音乐、舞蹈、戏剧、曲艺和杂技；传统技艺、医药和历法；传统礼仪、节庆等民俗；传统体育和游艺以及其他非物质文化遗产。

国务院决定从 2006 年起，每年 6 月的第二个星期六为我国的“文化遗产日”。截至 2022 年，吉林省共有联合国教科文组织《人类非物质文化遗产代表作名录》项目 2 项，国家级非遗项目 55 项，省级非遗项目 433 项（447 个子项），市级非遗项目 1089 项，县级非遗项目 1050 项。

吉林省处于关东腹地。纵观历史，地域间、民族间的交流、融合，给吉林大地留下了许许多多好看、好听、好玩、好吃又新奇的非物质文化遗产。

**【讲解技巧】**

在讲解非遗之前，首先要明确非遗从来不是孤芳自赏的“老物件”，不是华丽空洞的“招牌”，而是祖祖辈辈留下来的智慧结晶，是有生命力的“活化石”。非物质文化遗产，凝结和传递着一个民族和地域的历史记忆、共同情感、经验智慧，是民族精神和文化的寄托。因此想要讲好吉林省非物质文化遗产，就需要让非遗从历史中“走出来”、在现实生活中“活起来”，真正融入百姓生活当中。

本篇导游词讲述了非物质文化遗产概念、吉林非遗的整体概况及吉林省最具代表性的非遗。重点讲解了：朝鲜族农乐舞（象帽舞）、长白山满族剪纸、长白山森林号子、长白山采参习俗、查干湖冬捕习俗。这些非遗都具有浓厚的历史背景和鲜明的地方特色，因此讲好“非遗故事”比讲好非遗的内容更重要。

在讲述吉林省非物质文化遗产时，要挖掘非物质文化遗产所蕴含的历史文化内涵，讲述非物质文化遗产所体现的人文关怀，同时还应展示非物质文化遗产的创新与包容特质。最后，还要传播非物质文化遗产的当代价值。非物质文化遗产不仅有着悠久的历史，也与当代生活息息相关。展现非物质文化遗产在当今社会生活中发挥的作用与价值，如在旅游业、创意产业等领域的应用，可以彰显其活力与现代意义，使讲解更生动，更能得到游客的理解和共鸣。

**【导游词】**

各位游客，大家好！

欢迎大家到吉林做客。今天我将带领各位去了解吉林省的非物质文化遗产，希望能与大家一起度过一段快乐的时光。

大家会问，什么是非物质文化遗产？非物质文化遗产简称非遗，是指各族人民世代相传并视为其文化遗产组成部分的各种传统文化表现形式，包括表演艺术、节庆活动、传统手工艺等。

首先，我把吉林非遗的整体情况给大家做一个简单的介绍。

吉林省地处东北亚腹地，历史上中华北方各民族在这一区域繁衍生息，农耕牧猎，形成了吉林鲜明的地域文化，留存了极其丰富而厚重的非物质文化遗产。截至 2022 年，吉林省拥有国家级非遗代表性项目 55 项，省级非遗代表性项目 433 项；国家级非遗代表性传承人 21 人，省级非遗代表性传承人 330 人；省级文化生态保护区 2 个，国家级非遗生产性保护示范基地 1 个，省级非遗传承基地55个，省级非遗传习所62个；全省非遗就业工坊5个。其中“朝鲜族农乐舞（象帽舞）”和“剪纸（长白山满族剪纸）”两个项目入选联合国教科文组织《人类非物质文化遗产代表作名录》，这是非遗项目的最高荣誉。

非遗涵盖的十大类项目，吉林都有。民间文学有蒙古族陶克陶胡，传统音乐有朝鲜族长鼓舞，传统舞蹈有乌拉街满族秧歌，传统戏剧有吉剧，曲艺有东北二人转，传统体育、游艺与杂技有摔跤（分满族、朝鲜族两类），传统美术有长白山满族枕头顶刺绣，传统技艺有满族旗袍制作技艺，传统医药有人参炮制技艺，民俗有朝鲜族花甲礼。

可以说，吉林省的非遗具有自己鲜明的地域性、民族性和多样性。尤其是少数民族项目更是类别全面、品种丰富。吉林省的国家级项目中，少数民族项目可达到73%。其中以森林文化、渔猎文化、农耕文化最具代表性。

从走上北京亚运赛场的满族珍珠球到海兰江畔盛大的朝鲜族婚礼，从满族说部诡谲雄奇的天宫大战到李连贵大饼一层层包裹的人间烟火，从查干湖冬捕冰湖腾鱼的壮观到北山庙会“甲东北”的繁荣，吉林非遗与大美关东一样有着松江流水的广阔和白山松涛的豪情……

现在，让我们一起走进吉林省非遗的典型项目。

首先介绍一下入选联合国教科文组织《人类非物质文化遗产代表作名录》的朝鲜族农乐舞（象帽舞）和长白山满族剪纸。

朝鲜族农乐舞（象帽舞）。“象帽舞”是“农乐舞”最高表现形式，据传说：古代朝鲜族人民在耕作时，为了防止虎、狼等野兽的侵扰，用大象毛绑在帽尖上左右摇摆，用来驱赶野兽。还有一种传说是：古代朝鲜人狩猎时，在猎取野兽后，甩动发髻以示庆贺，久而久之，形成了朝鲜族特有的民族、民俗舞蹈表演形式。甩象帽，属于独特的技巧表演，舞者以颈项的力量频频摇动头部，使所戴象帽的飘带旋转如风，似车轮飞转般在舞者的头顶和身体向前、后、左、右画出各种光辉耀眼的美妙彩环。

该项目于2009年成功入选联合国教科文组织《人类非物质文化遗产代表作名录》。

长白山满族剪纸，主要分布于吉林省长白山区的通化、白山、吉林、延边等地。中国北方剪纸的历史可以追溯到明末建州女真时期，当时女真人已能用土法造纸，这为长白山满族剪纸的普及和流行奠定了物质基础。除纸以外，满族人还能用桦树皮、树叶、玉米叶等制作剪纸。长白山满族剪纸起源于满族信奉的萨满教，最早的题材是用于祭祀活动，在此基础上又形成了神灵崇拜、萨满信仰、始祖神话、风物传说、传统习俗、现实生活等题材的作品，最具代表性的有《嬷嬷人儿》《龟与蛙》《女萨满》等。

长白山满族剪纸是反映满族先民信仰、生产、生活的活化石，最初是靠口传心授的方式进行传承，多是在家庭妇女中由长辈教授晚辈。如今，随着时代的发展，师徒传承、学校教学传承等方式也逐渐被采用。

该项目已于2009年并入“中国剪纸”项目，入选联合国《人类非物质文化遗产代表作名录》。

提到长白山地区的非遗，还有长白山森林号子和长白山采参习俗，它们分别入选国家级非物质文化遗产代表性项目名录和省级非物质文化遗产代表性项目名录。

长白山森林号子是吉林省长白山区伐木工人抬运木头时所唱的一种民歌，主要流传于长白山区。号子演唱时由抬运木头的领头人“杠子头”来领唱，其余人接唱，以便于统一劳动节奏，提高劳动效率。演唱中以起号和接号最具特色，内容涵盖民间谚语、故事、传说等，一种调律，多种内容，是长白山森林号子的重要特色。现如今因森林保护，使得采伐活动日益减少，加之老一代伐木人的故去也加重了其传承危机，目前，只有部分森林号子存在于林区的一些地方，该项目已于2008年入选第二批国家级非物质文化遗产代表性项目名录。

大家都知道，吉林有三宝，人参、鹿茸、乌拉草。说到人参，我们就再来聊一聊长白山的采参习俗。

长白山采参习俗具有鲜明的地方特色，是长白山区的优秀民间文化，在采参者中口传身授，世代相传至今。

长白山采参习俗的术语繁多，如人参叫作“棒槌”；进深山老林寻找、采挖人参称为“放山”；组织帮伙叫“拉帮”；采参人根据民主原则推举出来的领导者叫“把头”；人员分工叫“排棍儿”等。采参时要使用“索宝棍”“棒槌锁”“快当签子”“快当斧子”等工具。从发现到采集人参，要进行“喊山”（也就是通知众人）、“接山”（就是回应“喊山”并询问人参品质)、锁“棒槌”(用“棒槌锁”即两端拴着铜钱的红绳，把人参拴住)、“打参包子”(挖出人参后用苔藓把人参裹住，外面包上桦树皮)、“政兆头”(留记号)等一系列流程。该项目已于2007年入选吉林省第一批省级非物质文化遗产代表性项目名录。

说完具有代表性的森林文化，我们再来聊聊代表性的渔猎文化。

来到吉林，不能不提的还有查干湖。

查干湖冬捕习俗。蒙古族崇尚白色，查干湖蒙古语为“查干淖尔”，意为白色的湖泊，也称之为“圣洁的湖泊或圣水湖”，是中国七大淡水湖之一。东北地区有着悠久的渔猎历史，在历史上查干湖就是天然的渔猎之地。1211年，成吉思汗占领金国塔虎城后，对查干淖尔进行了祭祀活动，祭湖仪式也便由此产生。随着祭湖、醒网仪式逐渐固定化和民俗化，冬捕前要祭湖醒网，便成了神奇的冬捕习俗，在查干湖世代传承。同时，查干湖冬捕习俗还保留了蒙古族多元文化要素和多种艺术形式，查玛舞、安代舞、祝酒词都融入其中。该项目已于2008年入选第二批国家级非物质文化遗产代表性项目名录。

作为活态传承和记录人类生存历程的非物质文化遗产，它们是吉林历代人民文化智慧和文化创造的独特体现，而吉林的非遗也远不止于此。

从古至今，生活在吉林这片土地上的各族人民生活信仰生动多样，东北二人转、通榆闯关东年画、满族旗袍制作技艺、松花江放河灯、松花石砚制作技艺等非物质文化遗产项目都充分印证了吉林民众的生产生活行为和精神风貌。

这里的非遗有更多好吃的、好玩的、好看的等着您细细领略、慢慢体会。好了，游客朋友们，今天的讲解就到这儿，期待您的下次光临！

## 第十三节　嫩江湾旅游区

**【基本概况】**

嫩江湾旅游区是国家湿地公园，简称“嫩江湾”。位于吉林省大安市，有着“千里嫩江第一湾”美誉，其由嫩江因地势转折东南而形成的天然港湾湿地，是4A级旅游风景区，省级水利风景区，又是吉林省第一个被正式命名的国家湿地公园，公园面积 36.5 平方公里，城在景中，景在城中，城景相依，自 1992 年建成以来，一直发挥着城市绿色屏障的重要功能。

今日嫩江湾水光潋滟，蒲苇繁茂，原始天然风景得以再现。此前，受干旱气候影响，嫩江水位逐年降低，湾内泡沼沟塘几乎全部干涸，动植物种类锐减，大片滩涂被农民开垦成耕地，为保护脆弱的湿地生态，2015 年，嫩江湾湿地保护提升工程开启，多措并举保护湿地。2016 年，当时实施了嫩江湾湿地外滩综合整治工程，共收回滩地面积约 27 平方公里。为还野生动物生态家园，湿地公园规划了湿地保护区，保持野生动物的自然栖息环境。如今，嫩江湾里，青蒿、香蒲、苔草、塔头草等多种植被已恢复，现有植物 57 科 169 种，野生动物 274 种，白鹤、灰鹤、白鹭、苍鹭等 20 余种野生珍稀候鸟重返觅食、筑巢繁衍。嫩江湾旅游区已成为吉林西部旅游大环线上的重要节点。

**【讲解技巧】**

本篇导游词是介绍嫩江湾旅游区，主要讲解嫩江湾春捺钵历史和铜镜广场、嫩江湾牌坊等主要景点，讲解语言准确清晰，讲解风格可形象生动、诗情画意，也可语言明快，热情奔放，讲解方法多种形式，讲好嫩江湾的生态保护，讲好绿水青山就是金山银山。

嫩江湾春捺钵的历史讲解，可选用问答法，为吸引客人注意力，可自问自答，也可诱导游客回答，采用我问客答法，也可满足游客的好奇心，采用客问我答法，帮助游客对历史文化的了解。

嫩江湾的景点可选用虚实结合法、画龙点睛和触景生情法，主要景点都有历史文化的背景，讲解时可将典故、传说和景物介绍有机结合，编写的故事要娓娓道来，生动有趣，产生艺术感染力。嫩江湾的游览景点讲解时也可选用画龙点睛方法，对每个游览景点用凝练的语句概括其独特之处，给旅游者留下突出印象。嫩江湾的生态治理讲解可采用触景生情法，生动还原受到破坏嫩江湾时的景象，让游客感受今天嫩江湾绿水青山、美丽景色的来之不易，懂得生态保护的重要意义。

**【导游词】**

游客朋友们，大家好！欢迎您来到心灵的栖息地——嫩江湾旅游区，我是您本次嫩江之旅的导游员 ×××，大家可以叫我小 ×。嫩江湾旅游区位于吉林省白城大安市，主要由综合服务区、文化体验区和生态游览区三部分组成，总面积 3.5 平方公里，紧邻吉林省最大的内陆港口——大安港，俗称“老坎子”，是国家森林公园、国家湿地公园、国家级水利风景区和国家 4A 级旅游景区，全国保存最好的天然湿地之一，我们今天将由综合服务区开始经文化体验区后抵达生态游览区参观，游览时间约 3 小时。

接下来，请随着小 × 的步伐，正式开启这段寻踪辽代“春捺钵”的神秘旅程，希望通过我的讲解，让您感受到嫩江湾的纯净与壮美，体验到捺钵文化的广博与灿烂。

在旅程开始之前，我先为您介绍嫩江湾春捺钵的历史。据史料记载，自 916 年辽代建立政权开始，200 多年共历经 9 位皇帝，其中辽圣宗、辽兴宗、辽道宗、天祚帝 4 位帝王在这一带，春捺钵共 68 次，因此，大安被认定为辽代后期治国方略最重要的策源地，号称“一道嫩江湾，半部大辽史”。“捺钵”可以译为“行宫”，通俗地说就是辽皇帝出行时的临时住所。“捺钵”按春、夏、秋、冬的时序安排，因而也称四时捺钵。四时捺钵分为春水、夏凉、秋山和坐冬。在春捺钵期间，辽皇帝放海东青捕天鹅，凿冰钩鱼，进行头鹅宴和头鱼宴，宴请文武百官和各部落首领，以彰显自己的威武和强大。

了解嫩江湾春捺钵的历史后，我们再来看眼前这座宏伟的建筑，嫩江湾旅游区游客中心。它位于嫩江湾综合服务区，其设计灵感来自辽太祖耶律阿保机的大横帐，有“金帐皇庭”的意蕴，是目前全省最大的异形游客中心。对面是新三馆（博物馆、图书馆、文化馆），是对应着辽朝皇族权力机构的“三房”寓意进行设计，与游客中心交相呼应，再现了辽代“四帐皇族，一帐三房”的恢宏气势。四帐皇族是辽代的官署名，由开国皇帝耶律阿保机及后裔组成的大横帐，及其伯父岩木后裔组成的孟父房、释鲁后裔组成的仲父房和其弟后裔组成的季父房，“此一帐三房，谓之四帐皇族”。

穿过游客中心便来到了铜镜广场，广场是以在大安出土的辽代国宝八角铜镜为创意素材，周边对称分立 12 根文化景观柱，柱体内容讲述契丹起源、发展以及文化交流的历史过程，从不同角度展现契丹的经济、风俗、饮食、文化的主题。文化柱的柱头使用契丹具有代表性的龙纹、凤纹元素，柱底使用契丹独有的壶门灵兽图案元素。站在广场中央，契丹的历史文化将我们紧紧环绕。

接下来，我们看到的就是景区的迎宾大门——嫩江湾牌坊。

牌坊门阔五间，飞檐翘角，上书“嫩江湾”三个大字。两侧写有“白马枥金帐千秋捺钵地”“天蓝衬水清灵秀嫩江湾”，这副对联凝练了源远流长的捺钵文化，蕴含了风光旖旎的江湾美景。走过嫩江湾迎宾大门，让我们乘坐电瓶车，前往生态游览区参观下一处景点辽皇观鱼台。

各位游客朋友，我们现在身旁的这座建筑就是辽皇观鱼台，它位于旅游区的东南部，是景区的制高点。由城墙和钟楼两部分组成。观鱼台始建于辽代春捺钵时期，为辽皇观看凿冰捕鱼所建，十几年前复建。门洞上方嵌刻着“观鱼台”的石额。登上观鱼台，我们远眺正前方这片开阔的水面叫玉龙湖，曾经是辽代春捺钵皇帝驻跸之地。数十年前疏浚这一片沼泽时，在湖底挖出了一块巨石，石上天然形成一条腾飞的玉龙，并依此建立了龙石广场，这片湖泊便被称为玉龙湖。观鱼台的东面是嫩江湾国家湿地公园，面积 31 平方公里，北起嫩江湾南至松原界，那里草长莺飞，雁鸭成群，目之所及，一片原生湿地，一派大野自然，观鱼台的南侧是文化体验区，有华夷同风院、萧月楼、一鹤楼、契丹八角铜镜雕塑、双翼亭、听雨轩、盛世捺钵图等多处文化景观景点，充分展示了辽代春捺钵时期的生活景象，从观鱼台往下俯视，是一座形似天鹅依偎的码头——同心桥码头。

下面，让我们乘船前往湖中心的捺钵岛参观游览。

捺钵岛占地约 3 万平方米，因形似葫芦（谐音福禄）又称福禄岛，岛上主要有君树、捺钵毡帐群以及“春水”雕塑等特色景观。其中，春水雕塑中的春水源自“春水秋山”一词，是辽代春捺钵最形象的体现。雕塑基座为花岗岩，寓意华夏江山永固，砂岩春水浪花代表奔腾的嫩江水。主雕塑为鳇鱼遨游，与同心桥码头相呼应，意为春捺钵时期的两项重要活动钩鱼、捕鹅。春捺钵是辽代四时捺钵之首，头鱼与头鹅预示一年百业兴旺，国运昌盛。

游客朋友们，在参观完捺钵岛之后，让我们登船返岸，前往华夷同风院参观游览。

相传华夷同风院就是辽道宗在春捺钵时为萧观音修建的，而华夷同风院的命名取自《君臣同志华夷同风应制》，是萧观音给辽道宗的诗词《君臣同志华夷同风》的回应。辽代 200 年间一直以汉唐制度为学习榜样，著名的萧太后执政时期，大力推行学习汉文化，提出了华夷同风的治国理念，到了辽道宗时期，辽宋文化的融合达到高峰。

各位游客，在参观了华夷同风院后，让我们乘车前往生态游览区参观下一处景点——浪漫沙滩。这里有2万多平方米的沙滩供您尽情玩乐，也有欢乐水寨、儿童戏水和海啸池等亲水项目，带您畅快感受江湾风采，戏水过后让我们再次启程前往下一处景点望江楼和“老坎子”码头。

说起望江楼，在大安已有近百年的历史了。它始建于民国初期的1929年，位居原大赉城东南关帝庙附近的高台之上，当时人们称它为“点将台”。它形制六角，十三层砖木结构，有木质楼梯置于两侧，随着岁月风雨的侵蚀，原来的望江楼已经损毁，现在矗立在我们面前的望江楼是1993年重新建设的，同样沿袭着旧日望江楼的设计理念和建筑风格。望江楼前面就是大安的母亲河，发源于大兴安岭的伊勒呼里山的嫩江，全长1370公里，由北向南流经大安台地，因地势高，转向东南而形成的天然港湾，就是如今的嫩江湾，旧称“老坎子”。自古就是一个天然的码头，现在仍然有货运船只在此停靠，游客可以在此乘船前往湿地保育区参观，切身实地的感受嫩江湾秀美的湿地生态。

参观完望江楼和“老坎子”码头，接下来，您可以沿着捺钵文化景观墙抵达渔猎文化馆和观鸥平台去探寻嫩江的神奇，也可以向着萌宠乐园与仙鹤园前进，感受动物伙伴的活泼。

游客朋友们，我们的行程即将结束，在这短暂的时光里我们一路交流，一路感怀，一路畅想，希望这次游览，能够成为您生命中最美的回忆。俗话说：来到大安，一生平安，小×祝福所有的朋友们，健康快乐，一生幸福平安！期待您的再次光临。

## 第十四节　辽源朝阳村

**【基本概况】**

东辽县安石镇朝阳村地处长春南87公里，北依鹭鹭湖风景区，东临路河水库，西南群山远眺，东辽河、辉发河二水绕村而过，属于半湿润温带大陆性季风气候地区。东距抚长高速20公里、西距伊辽高速10公里，南邻国家级中德现代农业特色小镇、北接国家湿地公园鸳鹭湖和省级森林公园红叶岭。依山傍水，风景优美，良好的自然环境，为这个村庄创造了优质的生活条件。村辖区面积6.4平方公里，土地面积为5700亩，辖7个自然组,502户，总户籍人口2200人，朝鲜族占48%、满族占15%，是典型的少数民族为主的多民族混居村。

朝阳村原名鸳鹭窝河村。1730年左右朝鲜族人开始在“鸳鹭窝河村”居住，实行朝鲜族部落族长管理制。中华人民共和国成立初期，国家重视民族事业发展，将“鸳鹭窝河村”划定为生产大队，更名为朝阳朝鲜族生产大队，重修村落牌坊。1982年，根据朝阳朝鲜族生产大队的发展需求，政府决定将此生产大队正式更名为朝阳朝鲜族村。

现在，朝阳村已是全省著名的朝鲜族、满族民俗特色村，先后被评为中国少数民族特色村寨、中国美丽休闲乡村、首批全国乡村旅游重点村、吉林省5A级乡村旅游经营单位、吉林省十大乡村旅游精品村等荣誉。荣誉的取得为朝阳村发展夯实了深厚的文化基础，提供了良好的历史文化环境，为民族团结进步做出贡献。同时还带动着周边社会事业及经济的繁荣与发展。

**【讲解技巧】**

这篇导游词采取了“移步换景”的手法，按顺序讲解了朝阳村概况—游客中心广场—党建主题公园—朝阳村花海—拓展基地—有机采摘园—“夏季夜游”。

作为一篇乡村旅游类型的导游词，在讲解之前应对乡村振兴战略及相关政策进行了解。要明确人民的幸福生活离不开国家的好政策，同时也要靠自己的努力奋斗来获得。乡村振兴的过程之中，离不开每一位兢兢业业的参与者，需要能干事、干成事的实干家，也需要用发展眼光看事物的领导者，更离不开千千万万百姓的鼎力支持。以村书记韩丽的故事为引子，对比朝阳村过去和现在的发展变化，更能让游客感受到我们国家乡村振兴的蓬勃进程。

作为一名导游，要了解时代、了解社会、了解生活、了解活生生的人。只有心中有，才能“口中”有。同时，在讲解时可多用质朴的言语，夹杂几句“乡音”“带着泥土的芬芳”，更能令游客感到亲切自然，从而产生感染力，打动游客的心弦，拉近和游客之间的距离。

【导游词】

游客朋友们大家好，欢迎来到东辽县安石镇朝阳村。我是本次朝阳村之旅的导游员 ×××。现在就请大家随我一道，了解一下眼前这座闻名远近的村落。

朝阳村地属吉林省辽源市东辽县安石镇，毗邻鹭鹭湖国家湿地公园，环境优美宜人。面积 6.4 平方公里，是中国少数民族特色村寨、中国美丽休闲乡村、首批全国乡村旅游重点村、吉林省 5A 级乡村旅游经营单位、吉林省十大乡村旅游精品村。

过去，朝阳村是个特困村，晴日垃圾满地，雨天道路泥泞。很难想象，最初的村委会是借用小学校教室才坚持建立起来的；还曾有过从麻将桌上借款 1800 元解决村委会办公经费的窘迫。2004 年，一个从外乡嫁过来的能干媳妇、一个突然倒闭的安石镇麻纺厂厂长韩丽，竞聘出任朝阳村党支部书记、村委会主任，改变了这里的历史。

韩丽的创富计划从乌鸡养殖开始。如今的朝阳村早已摘掉了年亏损百万元的帽子，实现了多极化增长，正走在以农业为主、三产并兴，多元化发展、产业全面升级的致富道路上。

如今我们看到的朝阳村特色旅游经营项目，自 2016 年至今已累计投入 3000 万元，总用地面积十多万平方米，重点打造了以红色党建主题公园、水上乐园、采摘园、电影拍摄基地、美食坊等为主要特色的系列网红打卡地 20 余个，为游客游览、娱乐、购物、餐饮、住宿提供一条龙服务。游得不够尽兴的朋友可以留下来住上一晚，运气好的话，可以看到稻影晚霞、湖畔日出，披一身稻野香风，吸一口湖边清气，一定仙气飘飘、美不自胜。

接下来，请随小 × 的步伐，正式开启这段朝阳村的美妙旅程，希望通过我的讲解，能让您感受到这里的美好。

大家一定注意到了，一进村游客中心的广场，这里有一块巨幅的宣传墙，一眼就看到这个醒目的标语了——“各民族像石榴籽一样紧紧抱在一起”，这是习近平总书记在参加十三届全国人大一次会议时发表的讲话。正如小 × 刚才介绍的，不同民族的共处，让这里的住宅建筑、文化历史、风俗习惯、生活起居各不相同，各具特色。这里既有汉文化的农民画和剪纸，也有满文化的萨其马，更有朝鲜族文化的稻草屋顶、通铺大炕、打糕、冷面和特色酱菜……不同文化的融合交互，不同民族的和谐相处，让这里的文化呈现出“和而不同”，亮人眼球，接下来的游览中，您都可以看得到。后面的主题游乐园取名为“石榴籽园”也是呼应了这个寓意。截至目前，朝阳村已连续 10 年举办农民运动会，特定时间里也会举办具有朝鲜族和满族特色的节日庆典。幸运的话说不定会赶得上。

下面，我们看到的这一组建筑就是我们的红色党史馆、村史馆、朝鲜族民俗博物馆、铸牢中华民族共同体意识主题教育馆和由绍兴图书馆捐建的吉林省图书馆分馆了，我们分别进入参观学习。

各位游客朋友，接着往里面走。这里是党建主题公园。处处可见“移旧风、易陋习、讲文明、树新风”的德智建设用心。2019 年，村“两委”推出了“村规民约”，已更新至第三版，完成了村民从被动约束管理到自主参与制定规则并遵守践行的全过程。全体村民尝到了村企入股、村民团结、民主互助给大家带来的益处。村里的红白理事会也为大家办实事，移风易俗、旧事新办。从村屯环境到乡村文明，朝阳村村民的思想意识已不断地得到提升；3600 平方米的文化广场日日声歌，呈现出适宜祥和的生活景象。

主题公园里最大的亮点是人工湖——挖掘机仅用 15 天时间、深挖了 1.9 万土方而成。人工湖建成后，放养了夏花、锦鲤花鱼苗 5 万尾，如今最大的足有 8 斤以上了。它们冬天就在 0.5~1 米厚的鱼塘冰层下面靠打氧过冬。差不多每一位来这里的客人都会为鱼群觅食的壮观景象所吸引，或驻足拍片，或撒饵喂食，流连之中几乎忘却了时间。

人工湖上的木道长廊是通往中心景区的必由之路，也是众多网红们的出片宝地，左有休闲桌椅可供小憩、赏花、观宠；右有 K 歌游船、水上脚踏船可戏天水、鱼蝶；还有朝鲜族特色的服装可来租用，过一天“少数民族”的瘾。闲游之下，顾盼之间，早有一身的疲惫一荡而空，换来怡然快意的清爽一日、趣味一天。

接下来的风车长廊、七彩滑道、儿童乐园、无动力亲子乐园、观光小火车、蹦床、碰碰车、儿童淘气堡、蒙古包 KTV 等项目设施，可是孩子们和长不大的成人宝宝的最爱。即使花上一整天的时间，也乐而忘返、久嬉不腻。

再往里走，就是令人迷醉的花海、拓展基地和有机采摘园了。花海旁新建了独栋小别墅。在这里可以烧烤小酌、娱乐一下；组织团建和培训的拓展基地，也会让你收获满满；园区尽头处是兼顾有氧劳作和有机康养的 6 万亩蔬果采摘园——进了咱们的采摘园，满目青葱，满口甜脆；“碧草丛中一点红，色飞汁液美无穷”。保你是摘了又摘，恨不能多带出许多来，给你城里久无乡趣的家人朋友。

朝阳村还开发推出了“夏季夜游”旅游项目，我们眼前的夜市一条街、特色美食坊，有数十种特色美食，特别是有地道的朝鲜族美食可供品尝。平时各种特色活动也是在这里，比如，夜间篝火晚会、乡村大舞台、烟花晚会、歌舞表演、文艺演出等。假如你来的是时候，还会赶上这里的“灯光花海”“夜间梦幻稻影”“花海哆咪屋”“网红拍照”“虾蟹捕捞”等绚色活动，有没有让你心动？

与众不同的是，这里夜市的摊主都是朝阳村村民自主创业，“小鸡炖蘑菇”“苏子叶包五花肉”“朝鲜族大冷面”，绝对本乡本土；大饱口福的同时，你还可以与这里的大叔大婶帅哥美女畅聊家常，兴之所至嗨歌一曲，岂不快哉！

另外，这边还有夜市农贸小市场专售区域，共 50 个展位，都是村民们自家菜园子里的蔬菜、自家散养鸡的笨鸡蛋、闲时编织的手工艺品拿到夜市来售卖，大家不妨一选。

“八方宾朋赴辽源，十分享受游朝阳。”朝阳村的冬季也令人期待——2 万平方米的冰雪乐园让你戏冰观雪、惊喜连连；朝鲜族民居改造而来的 80 栋特色民宿，也定会有一栋暖到你的身心，吸引你的驻留。

游客朋友们，不知不觉一天的行程就要结束了，这短短的一天下来，我们无缝交流，开心互动，从你们这里我也学习、收获了许多。希望带着您的美好记忆，我们还能有机会一起再来朝阳村，见证它的发展，品味它的变化，参与它的建设。期待您的再次光临！

## 第十五节　长影旧址博物馆①

**【基本概况】**

长影旧址博物馆，位于吉林省长春市，依托长春电影制片厂早期建筑建设

① 第十五节至第十七节非 2023 年吉林省导游服务能力考试大纲考核内容，仅做知识拓展使用。

而成，于2014年8月19日正式对外开放，是国家4A级旅游景区，首批国家工业遗产旅游基地。长影旧址博物馆所在的长春电影制片厂老厂区，前身为日本文化侵略机构株式会社满洲映画协会（满映），于1939年竣工，2013年被国务院核定并公布为全国重点文物保护单位,2014年8月19日，正式落成开放。

博物馆占地面积35000平方米，建筑面积37549平方米，包括原主办公楼、摄影棚、洗印车间等，通过文物保存、艺术展览、电影互动等形式，呈现电影艺术、电影道具、电影特技、电影工艺、电影生产等多重主题，打造长影洗印车间展区、艺术电影院、主题影音乐厅和配套的长影文化街区。博物馆真实客观地反映了中国电影艺术的创业史和发展史，全面展现了长影十几年的历史文化成就。向世人呈现了为新中国电影事业的发展和繁荣做出了开拓性贡献的长影那些鲜为人知的幕后故事和历史史料，第一次系统全面地披露人民电影“七个第一”和部分未曾面世的珍贵视频资料、图片资料和历史实物，用厚重新颖的展陈形式全景展示长影的光辉历程和艺术成就。

**【讲解技巧】**

本篇导游词是介绍长影旧址博物馆，根据导游词内容特点，导游员应选择适合的表达方式，并选用贴切的讲解方法。

对于长影旧址博物馆的介绍，建议采用概述法、问答法。概述法对长影旧址博物馆的历史沿革、建筑面积、呈现主题进行讲解，使游客对景点形成初步的认识。采用问答法可以让游客回答长影拍摄的电影，对长影的认识与了解，激发游客对长影回顾的好奇心。

对于长影旧址博物馆矗立的广场中央毛主席塑像，可用描绘法，对塑像建造的高度，比例、材料、缘由进行生动的描述，还原那个时代老百姓对毛主席的热爱。对博物馆的建造结构，时间、影响地位采用数字讲解法，让游客了解和认识长影旧址博物馆的工业遗产。

长影旧址博物馆的展区采用突出重点法和感慨法，三个展区讲解重点为艺术馆展区。艺术馆展区讲解以时间轴为主线，向游客介绍长影拍摄的经典影片和长影的发展历程，通过对大家熟知的电影，运用感慨法，让游客对长影的时代影响产生共情，尤其是主旋律电影对几代人的激励，让游客感受到长影作为中国电影摇篮对中国电影发展做出的历史贡献，工业遗产让人们敬畏历史，传承历史。

【导游词】

游客朋友们：

大家好！欢迎您来到长影旧址博物馆参观游览，我是导游员 ×××，很荣幸能为您提供讲解服务。

长影旧址博物馆位于吉林省长春市朝阳区红旗街 1118 号，是长影集团有限责任公司在完整保留 1937 年原“满映”建筑的基础上，本着“修旧如旧”的原则修缮完成的，是记录长春电影制片厂发轫、进展、繁荣、变迁的艺术殿堂。长影旧址博物馆建筑面积 46137 平方米。主要通过文物保存、艺术展览、电影互动等形式，呈现电影艺术、电影道具、电影特技、电影工艺、电影生产等多重主题。

长影被誉为“新中国电影的摇篮”，在新中国电影史上写下了光辉的篇章。从中华人民共和国成立初期至今，共拍摄及译制各类影片 4000 余部。近年来还拍摄了许多主旋律影片，例如，《狙击手》《老阿姨》《黄大年》等一批讴歌党，讴歌祖国，讴歌人民，讴歌英雄的影片。

位于厂中央的毛主席塑像，是 1967 年由长影美术师及技术人员自行设计，群众自发组织建造的，像高 6.84 米，材料是白水泥。塑像完成后，由于它比例协调，造型逼真，还被吉林江南公园和辽源矿务局从长影进行了翻制。

我们眼前的这一建筑群是“满映”的原貌，由日本东京照相化学研究所建筑专家增谷麟仿照德国“乌发”电影制片厂的布局设计，日本清水组施工承建。工程于 1937 年 11 月动工兴建，1939 年 10 月竣工，距今已有 80 多年的历史了。2007 年 6 月，长影旧址博物馆被确定为吉林省爱国主义教育基地、红色旅游基地；2013 年被列为全国重点文物保护单位；2017 年被评为国家级工业遗产旅游基地；2020 年被评为国家工业遗产。

博物馆共有三个展区：分别是艺术馆展区、摄影棚展区及洗印车间展区，以时间轴的顺序展示长影拍摄的经典影片以及长影的发展历程。

艺术馆展区即第一展区，1931 年“九一八”事变爆发，日本帝国主义对中国东北大肆武力侵占的同时，也开始了对中国人民思想的奴役。1937 年 8 月 21 日“株式会社满洲映画协会”建立，简称“满映”，是仿照德国“乌发”电影制片厂的布局设计建造的，当时号称远东最大的电影制片厂。“满映”是日本帝国主义对中国实施文化侵略的机构，直属伪满洲国国务院，实际由关东军控制。

1945 年 8 月 15 日日本投降，“满映”解体。1945 年 8 月下旬，中国共产党长春市委派地下党员刘健民、赵东黎进入“满映”，组织进步职工进行护厂斗争，并于 10 月 1 日成立了东北电影公司。

1946 年 5 月，按照中共中央东北局的指示，东北电影公司奉命北迁，于 6 月 1 日达到合江省兴山市（今黑龙江省鹤岗市），1946 年 10 月 1 日，东北电影公司正式改称为“东北电影制片厂”（简称“东影”）。

1947 年 2 月，随着东影事业的发展，厂长袁牧之提出了“三化立功运动”的口号和“七片生产”的方针。在“七片生产”方针的指导下，东影开创了人民电影的“七个第一”，第一部木偶片《皇帝梦》，第一部动画片《瓮中捉鳖》，第一部科教片《预防鼠疫》，第一部译制片《普通一兵》，第一部多集新闻纪录片《民主东北》，第一部短故事片《留下他打老蒋》，第一部长故事片《桥》。

1949 年 4 月《桥》拍摄期间，东影从兴山搬回长春，1955 年 2 月 28 日，“东北电影制片厂”改称为“长春电影制片厂”（简称“长影”）。

从 20 世纪 50 年代的《白毛女》开始，长影开创了革命现实主义题材影片的先河，诞生了多部红色经典，如《赵一曼》《董存瑞》《上甘岭》等。1956 年，随着“双百”方针的提出，党和国家对电影政策有所调整，长影故事片生产类型出现了新的变化。在拍摄《甲午风云》《冰山上的来客》《英雄儿女》等红色经典的基础上，陆续推出吕班导演的讽刺喜剧影片《新局长到来之前》，惊险样式影片《国庆十点钟》《寂静的山林》，儿童题材影片《红孩子》，爱情故事片《芦笙恋歌》《五朵金花》，彩色风光音乐片《刘三姐》。

1978 年 12 月，党的十一届三中全会的召开，标志着社会主义现代化建设新时期的到来。在解放思想、实事求是的思想路线指导下，长影的创作生产呈现发展拓进的新局面，再次形成了生产影片最多、艺术成就最突出的又一个创作高峰期。80 年代初，一批以改革为题材的影片应运而生，这些影片揭示了旧的经济体制与改革的矛盾冲突，所以大多命运多舛。长影的艺术家们顶着压力，举起革命现实主义的旗帜，拍摄了影片《人到中年》《黄山来的姑娘》《今夜有暴风雪》等，这些影片对思想解放、实事求是起到了巨大的作用。

八九十年代，中国电影市场整体滑坡，但长影人在困境中逆流而上，拍摄了农村题材影片《喜莲》《男妇女主任》，革命题材影片《开国大典》《重庆谈判》《七七事变》，现实题材故事片《蒋筑英》《炮兵少校》等。

此外长影还译制了许多经典影片，例如，《罗马假日》《百万英镑》《摩登时代》《卖花姑娘》《列宁在十月》等，截至目前共译制了2800多部，数目还在不断增加中。

这里是摄影棚展区即第二展区，是曾经的一到三摄影棚改建的，主要展示各个时期不同题材影片道具。

其中第三摄影棚，始建于1937年，是中国现存最早、保留最完整的摄影棚。整个面积是600平方米，举架19.8米，在70年代作为特技摄影棚使用过，许多影片中演员涉水的镜头都是在这里面拍摄的。例如，《五朵金花》《英雄儿女》部分场景都是在这里完成的。三棚是全国重点保护文物单位，现在既是电影拍摄制作的工作场所，又是游客参观互动的体验项目。

现在大家来到的是第三展区，长影洗印车间，原为“满映”洗印课。始建于1937年11月，1939年10月竣工。1945年，中国共产党接收“满映”后，长影继续作为洗印车间使用。2012年，数字技术替代胶片后，洗印车间停止生产。洗印车间是长影电影生产后期冲洗底片、印制大批拷贝的工作场所，是全国洗印电影拷贝的重要生产基地，也是目前全国现存最早、最完整的电影洗印工业遗址，于2023年4月29日以公益形式免费对外开放。

长影旧址博物馆为新中国电影事业的发展和繁荣做出了开拓性贡献，是国家级的特色文化标志区，是展示新中国电影艺术成就的殿堂，是电影人的朝圣地。在这里，你将开始一段新中国电影人的寻根之旅。

游客朋友们，我的讲解到这里就结束了，感谢您的聆听，再见！

## 第十六节　长春世界雕塑园

**【基本概况】**

长春世界雕塑园位于长春市区内，占地面积约0.92平方公里，其中水域面积0.12平方公里，是集自然山水与人文景观相融合的一座现代城市主题雕塑园。2003 年 9 月，长春世界雕塑园正式对外开放。目前园区汇聚了来自 216 个国家和地区的 12788 件（组）室内外雕塑艺术品，堪称世界之最。长春世界雕塑园先后获评首批国家重点公园，“新中国城市雕塑建设成就奖”，首批创造未来文化遗产示范单位，国家 5A 级旅游景区。

罗丹广场占地面积 8000 平方米，广场内摆放的是世界著名雕塑大师奥古斯特·罗丹的五件作品，分别是《思想者》《青铜时代》《巴尔扎克》《加莱义民》和《行走的人》，这五件作品均为法国罗丹博物馆原模翻制。

长春雕塑博物馆坐落于公园东南角，一期面积为 18000 平方米。馆内现有“文化·城市——长春城市雕塑建设纪实”成就展、希腊雕塑艺术馆馆藏展、王克庆艺术博物馆收藏展、曹春生雕塑艺术馆收藏展、长春雕塑艺术馆馆藏作品展等。

松山韩蓉非洲艺术收藏博物馆，由中国著名画家黄永玉先生题写。松山韩蓉非洲艺术收藏博物馆收藏了来自坦桑尼亚、马拉维、赞比亚等非洲东南部国家的雕刻、绘画等艺术品 8491 件（组）。

春天广场，中央矗立着由中国著名的5位雕塑家叶毓山、潘鹤、程允贤、王克庆、曹春生集体智慧的结晶——主题雕塑《友谊·和平·春天》。主雕三位少女身像高 23.5 米，基座高 6 米，五组人物像高 2.8 米、五组动植物浮雕高 2.2 米，雕刻的 3 位少女手捧着橄榄枝、和平鸽、鲜花，分别代表了友谊、和平、春天。

魏小明艺术馆于 2016 年秋季落成，建筑面积 3000 余平方米，由雕塑展厅、绘画手稿陈列室、艺术家工作室、阳光房、艺术沙龙及室外雕塑花园等部分组成。

长春雕塑艺术馆建筑面积12500平方米，是长春世界雕塑园的主体建筑。馆内的“彭祖述艺术馆”，收藏了工艺美术大师彭祖述先生捐赠的珍贵馆藏微雕《头记》及大量手稿。馆内还有叶毓山老师的作品《九歌·山鬼》。这件作品取材于屈原的《楚辞·九歌》中的第九篇《山鬼》。

**【讲解技巧】**

长春世界雕塑园这篇导游词，在讲解方法与技巧上首先使用了概述法向游客进行概括性地介绍了景点的基本概况和在国内的地位，使游客对其有一个大致的了解和轮廓性认识。

接着用的是分段分层讲解法，使游客对该景点产生初步印象，然后到现场顺次游览、导游讲解，使讲解一环扣一环。

本篇导游词还使用了描绘法，运用具体、形象的语言和精准的数字对眼前的雕塑作品进行描绘，使其细微的特点显现于游客眼前，唤起游客对美的感受。

除此之外导游词中也使用了触景生情的讲解方式，如对奥古斯特·罗丹的简介这段，导游在讲解过程中将其思绪和感受导入特定的意境，从而发挥导游讲解的作用力和感染力，引发游客思考和情感共鸣。

最后导游词对叶毓山大师的作品《九歌·山鬼》的介绍这段则采用的是虚实结合的讲解方法。导游向游客介绍这件作品取材于屈原的《楚辞·九歌》中的第九篇《山鬼》。山鬼它是一位身披薜荔，腰束女萝，笑靥生辉的女神的形象。文学作品中的人物形象配上眼前的景致，会激起人们轻松愉快的遐想和兴趣，使静止的东西变得鲜活起来，给人以更为深刻的体验和感受。

**【导游词】**

游客朋友们，大家好！

欢迎您来到国家5A级旅游景区——长春世界雕塑园参观游览。我是讲解员 ×××，很荣幸能为各位游客提供讲解服务。

长春世界雕塑园位于长春市区内，占地面积约0.92平方公里，其中水域面积0.12平方公里，景区的整体规划采用了传统和现代相结合的设计理念，中西合璧的造园技艺，以雕塑为主题，以湖面为中心，以山水为骨架，以绿化为背景，以道路为纽带，是集自然山水与人文景观相融合的一座现代城市主题雕塑园。

1997年，第一届中国长春国际雕塑作品邀请展成功举办，2003年9月，长春世界雕塑园正式对外开放。目前园区汇聚了来自216个国家和地区的12788件（组）室内外雕塑艺术品，堪称世界之最。长春世界雕塑园先后获评首批国家重点公园，“新中国城市雕塑建设成就奖”，首批创造未来文化遗产示范单位，国家5A级旅游景区，这里已成为全世界雕塑家艺术交流的重要平台。

著名建筑教育家和建筑师梁思成先生曾说：“艺术之始，雕塑为先。”雕塑是所有造型艺术的源头，是历史最为久远的艺术。下面就让我们一同开启美妙的世界雕塑艺术之旅吧！

长春世界雕塑园目前是“一园五馆”的格局。长春雕塑艺术馆、松山韩蓉非洲艺术收藏博物馆、魏小明艺术馆、长春雕塑博物馆和雕塑体验馆，五大展馆充分展现了雕塑艺术与建筑艺术的完美融合，内涵丰富，广受赞誉。

首先，我们来到的是罗丹广场。广场占地面积8000平方米，广场内摆放的是世界著名雕塑大师奥古斯特·罗丹的五件作品，分别是《思想者》《青铜时代》《巴尔扎克》《加莱义民》《行走的人》，这五件作品均为法国罗丹博物馆原模翻制，博物馆为此出具了出品证明，雕塑后面的R字形符号可以印证。

罗丹是19世纪伟大的现实主义雕塑家，罗丹的出现，使雕塑的生命力得到充分的证实，他的一生虽饱受挫折，但仍执着地追求着艺术，用雕塑再现了他的艺术生命。

现在我们参观的是长春雕塑博物馆。博物馆坐落于公园东南角，由著名建筑学家、中国工程院院士程泰宁先生设计。博物馆一期面积为18000平方米。馆内现有“文化·城市——长春城市雕塑建设纪实”成就展、希腊雕塑艺术馆馆藏展、王克庆艺术博物馆收藏展、曹春生雕塑艺术馆收藏展、长春雕塑艺术馆馆藏作品展等。

首先我们来到的是位于长春雕塑博物馆三楼的希腊雕塑艺术馆。古希腊雕塑的审美理想是追求“真实的美”，其雕刻题材大多源于神话传说和体育竞技等。由于古希腊人把每一种自然现象都解释为神的作用，并且认为神人同源，神就是人最完美的体现，这是希腊宗教神话的最大特色。

古希腊雕刻家表现主要对象是人体。艺术家以纯真的眼光看裸体，致力于表现心灵的健康与身躯的雄健优美。此展区的作品是长春世界雕塑园从希腊国家博物馆和卫城博物馆成功购买的原模复制的作品，共38件，所有作品均为原模翻制，大小与原作相同，丰富馆藏数量的同时，以飨市民。

接下来我们参观的是松山韩蓉非洲艺术收藏博物馆。李松山、韩蓉夫妇是非洲斯瓦西里语学者，1990年移居坦桑尼亚，此馆所有的艺术作品均为夫妇二人无偿捐赠。此馆坐落于公园的东北角，于2011年9月1日正式开放，总建筑面积为5640平方米，它是由中国工程院院士、著名建筑设计大师何静堂先生设计的，他曾是上海世博会中国馆的设计者。馆名由中国著名画家黄永玉先生题写。松山韩蓉非洲艺术收藏博物馆收藏了来自坦桑尼亚、马拉维、赞比亚等非洲东南部国家的雕刻、绘画等艺术品 8491 件（组）。

现在我们来到了春天广场，中央矗立着由中国著名的5位雕塑家叶毓山、潘鹤、程允贤、王克庆、曹春生集体智慧的结晶——主题雕塑《友谊·和平·春天》。主雕三位少女身像高 23.5 米，基座高 6 米，五组人物像高 2.8 米、五组动植物浮雕高 2.2 米，雕刻的 3 位少女手捧着橄榄枝、和平鸽、鲜花，分别代表了友谊、和平、春天。

接下来参观的是魏小明艺术馆，魏小明艺术馆于 2016 年秋季落成，位于园区的西北角，建筑面积 3000 余平方米，由雕塑展厅、绘画手稿陈列室、艺术家工作室、阳光房、艺术沙龙及室外雕塑花园等部分组成。魏小明是我国著名的雕塑家、版画家，现为清华美院教授、博士生导师。馆藏雕塑作品 200 余件，版画、插图、水彩、素描、油画及设计手稿 180 余件，此馆内收藏魏小明作品的完整性和唯一性是任何地方都没法比拟的。

现在我们参观的是长春雕塑艺术馆。馆内建筑面积 12500 平方米，是长春世界雕塑园的主体建筑。艺术馆依坡地而建，优美的曲线与直线相结合的造型本身就是一件巨大的现代雕塑艺术品，与园内陈列的雕塑作品相得益彰。馆内的“彭祖述艺术馆”，收藏了工艺美术大师彭祖述先生捐赠的珍贵馆藏微雕《石头记》及大量手稿。

大家请往这边看，这件是叶毓山老师的作品《九歌·山鬼》，作为馆藏珍品之一，是叶毓山老先生在 2003 年 9 月开馆时捐赠的。

叶毓山先生是我国著名的雕塑大家、“中国雕塑终身成就奖”获得者，德艺双馨的艺术家，为中国城市雕塑事业作出了杰出的贡献。2017 年 1 月 7 日先生逝世，但是他的精神影响着一代代雕塑人。长春这一座城市就拥有叶先生的六件精美佳作，实属难得。这足以证明叶先生与长春的雕塑情缘，他是长春雕塑建设、发展的前瞻指导者，更是支持长春雕塑建设的实践者，为这座城市留下了宝贵的艺术财富。

这件作品取材于屈原的《楚辞·九歌》中的第九篇《山鬼》。在文中，它是一位身披薜荔，腰束女萝，笑靥生辉的女神的形象。1995 年，叶毓山先生用汉白玉塑造了这件高 2.5 米的女神像，她独立山巅，头戴花冠，居高远望，等待自己的意中人！作品中既有神气，又有人气，完美地体现了神的端庄，人的可爱。

游客朋友们，长春世界雕塑园已成为收藏、展览、陈列雕塑艺术品的基地，长春雕塑文化与世界雕塑文化艺术交流互动的纽带，市民了解、认知雕塑艺术的主要旅游场所。在参观马上结束时，希望您对我的讲解服务多提宝贵意见，也期待您的再次光临。谢谢！

## 第十七节　长春农业博览园

**【基本概况】**

长春农业博览园位于吉林省长春市净月高新技术产业开发区，于 2008 年 1 月成立，占地面积 106 万平方米，其中展馆区约 27 万平方米，酒店及公寓配套区约 10 万平方米，会展餐饮配套区约 13.4 万平方米，河道约 10 万平方米。

园区空间结构布局为一园、九区、九馆：一园即为长春农业博览园，九区分别是主展馆区、分展馆区、君子兰花卉展示区、现代种植展示区、果树展示区、优良动物展示区、新农村展示区、美食区和停车区，九馆分别为主展馆、分展馆、农业博览馆、航天育苗科技展示馆、君子兰组培展示馆、现代农业展示馆、珍奇植物展示馆、君子兰花卉展示交易馆、花鸟鱼馆，是一个科技含量高、功能完备并与净月开发区生态景观和谐，以农业为主题的多功能展示区。

长春农业博览园是动植物新成果、新技术、新品种的示范推广基地，也是设施农业展示应用基地，还是农业科学普及培训基地、农用物资、农机及农产品展销市场、观光农业旅游风景区，具有引领现代农业发展和建设社会主义新农村的作用。

长春农业博览园是国内首个集现代化、生态型、综合性为一体的农业博览园区，现已成为国内设施完善、功能齐全、规模宏大、技术先进的全国最大的农业博览园。

**【讲解技巧】**

本篇导游词以总分的结构介绍长春农业博览园的基本情况，内容以客观阐述为主，包含大量科普知识，因此建议采用概述法、巧用数字法和分段讲解法，也可以根据团型特点，采用突出重点法或问答法等。

导游词开篇介绍长春农业博览园概况，建议导游员采用概述法，使游客对园区形成一个大致的了解和轮廓性的认识，引导游客进入特定的旅游意境，对园内游览充满期待。

导游词主题部分按照不同的展区进行详细阐述，建议采用分段讲解法，其中融合巧用数字法，使讲解更加专业、客观，逻辑清晰。分段讲解法可以是讲解内容井然有序，但是如果把握不好容易造成平铺直叙，索然无味的效果，因此建议根据导游员的特点，结合展区内容，灵活选用连接词或者过渡语句，例如从渔业站区到无土栽培区，导游员可以幽默地使用“从水中到陆地”的词句。

鉴于本篇导游词知识量较大，知识点很多，建议导游员使用突出重点法，对于展区中的某些亮点进行强调，增强游客记忆，也打破讲解过程的平淡。如果讲解的对象是学生，导游员可以设计我问客答法或者竞赛法，使学生主动思考，提升学生获取感和成绩感，也达到活跃氛围的目的。

**【导游词】**

尊敬的各位游客，大家好！欢迎您来到长春市农业博览园游览参观，我是您本次的导游员 ×××，今天由我来为大家做简要介绍。

长春农业博览园位于吉林省长春市净月高新技术产业开发区，于 2008 年 1 月成立，占地面积 106 万平方米，是国内首个集旅游、教育、会展、农业推广为一体的现代化、生态型的综合性农业博览园区，是目前国内设施齐全、功能完备、规模宏大、技术先进、最大的农业博览园。长春农业博览园先后被评为全国优秀科普教育基地、国家 4A 级旅游景区、吉林省普通高中学生综合素质评价社会实践基地、长春市教育局批准研学基地。

游客朋友们，农博园分为 12 个主要展区，在展区内有多个场馆，接下来我为大家重点介绍其中的 6 个场馆。请大家跟随我的脚步，进入现代化农业的精彩世界！

首先第一站，我们来到的是占地 6400 平方米的渔业展区。这里展示了淡水鱼、海洋生物、活体标本、梦幻水母馆、爬行动物五大类。既有许多东北独特鱼类品种，又有热带海洋动物。主要代表品种有：鲟鳇鱼、柠檬鲨、西太平洋斑海豹等。其中东北经济鱼类展示区不但展示了青、草、鲢、鳙四大家鱼，还引进了马苏大麻哈鱼，因其肉质鲜美、营养丰富，将引领广大养殖用户走向致富之路，同时通过增殖、放流进入日本海，待性成熟时再洄游到图们江产卵场。通过逐年大批量的人工放流，我国会在北太平洋获得捕捞许可，其战略意义更加深远。

走出渔业展区下面我们即将进入的是高新无土栽培区，高新无土栽培区占地 6400 平方米。无土栽培是最近几十年发展起来的一种蔬菜栽培新技术，它不是在土壤里栽培蔬菜，而是把蔬菜生长所需要的矿质营养物质，溶于水中配成营养液，通过一定的栽培设施形式，在一定的栽培基质中，用营养液进行蔬菜的栽培。

这里集中展示了国内外最先进的无土栽培模式，有水培、立体栽培、管道栽培、营养液膜栽培、雾培栽培、基质栽培、鱼菜共生、大型树状栽培、空中管道，九个功能区，共展示茄果类、叶菜类、根茎类等 12 大类 80 个优良品种 20000 多株作物，充分体现了无土栽培模式的增产潜力以及充分利用栽培空间的技术优势。因为不用土壤栽培，所以无土栽培又称营养液栽培或水培法。无土栽培技术让生产摆脱对土壤的依赖，是人类栽培史的里程碑，领跑现代农业。

走出无土栽培区，我们即将进入的是南方果树展区，南方果树园占地 6400 平方米。集中展示了香蕉、水蒲桃、黄皮、枇杷、柚子、香蕉、杨桃、番木瓜等具有代表性的 32 大类 45 个优良的南方果树品种，是我国北方面积最大、品种最多的热带果树资源库。引进我园后，经过多年筛选及科学的驯化栽培，使其在北方温室内正常生长并开花结果，对本地区设施栽培南方果树具有科学的借鉴指导作用。这些树种的主要特点是常年开花结果、喜热喜光、观赏效果极强。区内搭配种植了观赏性较强的南方特色植物，翠枝、假山、流水、凉亭遥相呼应，一派清幽静谧、百果飘香的南国风情。

游客朋友们，前方我们看到的白墙灰瓦，颇具江南韵味的建筑就是珍禽园展区。展区占地面积 6000 平方米，引进 30 多个品种、200 多只珍稀鸟类供游客观赏。其中，元宝鸡、孔雀、黑天鹅等珍禽被散养在园区内，两侧的展厅还有鹦鹉等鸟类展示。吉林除了农业、粮食大省外，还是畜牧业大省、肉类大省。精品畜牧业展示区占地 1.8 万平方米，由大、中、小型及观赏动物展区 4 部分组成。主要展示牛、马、羊等最优良的畜禽新品种和孔雀、鹦鹉等经济价值、观赏价值较高的经济动物品种，展示具有示范意义的标准化畜禽舍，引导畜牧产业转型升级。

下一站，我们来到的是关东农耕民俗文化展区。整个展区占地面积 6500

平方米，馆内共分为六大板块。

第一板块是咱们的关东文明史展区。这里简要概括了近千年来的农业发展历程、吉林省的地形地貌特征，以及石器和铁器时代的产生对于当时整个农耕发展的影响。

第二板块闯关东。要说到关东农耕文化，必然少不了一个词“闯关东”，近几年热播的影视作品《闯关东》中塑造热情的、智慧的、勤劳的人物形象，正是那个年代关东文化的缩影。我们下面就要边走边看边了解当年闯关东的情形。

第三板块是吉林省少数民族的介绍，接下来您看到的就是吉林省的少数民族概况，吉林省共有 48 个少数民族，其中展现了汉族、满族、蒙古族、朝鲜族居住的习俗特点和民间故事。

第四板块是吉林省具有得天独厚的土地资源，给吉林人民提供了粮食生长的沃土，在这里通过展示让参观者更近距离了解黑土地的性状。

前面映入眼帘的街景是我们第五板块，关东地区商业街的缩影，通过街边随处可见的掌鞋匠，形成规模和产业的豆腐坊、粉坊、油坊、铁匠铺、木匠铺、酒坊，在关东大地如雨后春笋般林立。

第六板块走进了关东特色文化展区，其中展现了东北三宝的特产文化、贡品文化、食品文化、祭祀文化……在这里您将深入了解到关东地区特有的风俗风情。

接下来，我重点给大家介绍的是“逐梦吉林”主题展厅，这里占地面积 5000 平方米。主要应用创意农业技术和手法，打造建党百年来吉林的发展和变化。里面展示了吉林农业建设发展史、吉林红色革命发展史、吉林文化发展史、吉林农业发展史等几个板块，通过运用种植、花草扦插、苯板雕刻、粮食作画、果实粘贴等方式，精心制作 30 余组景观小品，展现了吉林省各行业发展历程及成果，展现了吉林人民勤劳质朴、全面建设社会主义新吉林的奋斗精神。

游客朋友们，我们今天的参观到此结束。通过农业科普教育和现代农业设施及技术的展示，让我们更加热爱家乡，热爱农业，通过农博园这张“名片”让全国了解吉林，让世界了解吉林，让吉林农业产品走出国门走向世界！热情的吉林欢迎您下次光临！

# 第四章
# 导游服务规范

随着旅游业的快速发展，全国旅游从业人数尤其是导游数量进一步的增加。导游作为旅游接待工作的最前线，在旅游活动过程中，导游起主导作用，导游服务的质量也关系到整个旅游产品的质量。因此做好规范的导游服务，也是做好旅游服务的一个关键。掌握导游基本的服务规范是成为取得导游资格的前提。

在吉林省导游现场考试过程中，第三环节为导游服务规范问答，主要考核考生对导游工作职责、景区导游服务程序以及服务质量要求的掌握。本环节由考生抽取其中一题，考官读题，考生口述作答，答题时间为2~3分钟。以下为本环节题库及参考答案。

1. 导游服务是旅游服务中具有代表性的工作，它具有什么特点?

（1）独立性强

导游服务工作独当一面。在游客整个旅游活动过程中，导游需要独立提供各项服务，独立回答游客问题或处理突发性事故，并针对不同游客的不同特点，不同时机进行导游讲解。

（2）脑体高度结合

导游服务是一项脑力劳动与体力劳动高度结合的服务性工作。导游要具有丰富而广博的知识。导游的工作量很大，无论严寒酷暑长期在外作业，体力消耗大，常常无法正常休息。

（3）客观要求复杂多变

①服务对象复杂

②游客需求多样

③人际关系复杂

④直面“精神污染”

（4）跨文化性

导游服务是传播文化的重要渠道，起着沟通和传播文明、为人类创造精神财富的作用。

2. 导游服务的原则是什么？

（1）满足游客合理需求的原则

导游服务的根本是满足游客的需求。

①以“宾客至上”为主旨

②认真落实接待计划

③规范化服务与个性化服务相结合

（2）维护游客合法权利的原则

游客的合法权益主要有以下几个方面。

①旅游自由权

②旅游服务自主选择权

③旅游公平交易权

④旅游服务内容知悉权

⑤依约享受旅游服务权

⑥人身和财务安全权

⑦医疗、求助权

⑧求偿权和寻求法律救援权

（3）注重经济和社会效益的原则

导游服务既是一种文化传播的社会活动，又是一种可以获取经营收入的经济活动。前者的主旨在于扩大影响，提高社会效益；后者的目标在于增加经营收入，提高经济效益。

3. 导游的从业素质包括什么？

（1）良好的思想品德

①热爱社会主义祖国

②优秀的道德品质

③践行社会主义核心价值观

④较强的敬业精神

⑤高尚的情操修养

⑥自觉地遵纪守法

（2）较全面的知识体系

①语言知识

②史地文化知识

③政策法规知识

④心理学知识

⑤美学知识

⑥政治、经济、社会知识

⑦国际知识

⑧旅行知识

（3）较强的独立工作能力

①独立执行政策和宣传讲解的能力

②较强的独立组织协调能力

③善于和各种人打交道的能力

④独立处理问题和事故的能力

（4）较熟练的导游技能

（5）积极的进取精神

（6）健康的身心

4. 导游的基本职责是什么？

导游的基本职责是指各类导游都应履行的共同职责。

（1）接受导游任务，引导文明旅游

导游应接受旅行社分配的导游任务，按照接待计划安排和组织游客参观、游览，以身作则，遵守文明旅游规范，并引导游客文明开展旅游活动。

（2）进行导游讲解，传播中国文化

导游负责向游客导游、讲解，介绍我国（地方）的传统文化和各地的旅游资源。

（3）安排旅游事宜，保护游客安全

在旅游过程中，导游应配合和督促有关部门安排和落实游客的交通和住宿，保护游客的人身和财产安全。

（4）反映意见要求，安排相关活动

对游客的意见和要求，导游应及时向上级反映，并积极协助有关部门安排会见、座谈等活动。

（5）解答游客问询，处理相关问题

对游客提出的问题或相关咨询，导游应耐心予以解答，并协助处理游客在旅游过程中遇到的问题和事故。

5. 地陪导游应该如何熟悉接待计划？

地陪在接到旅游团接待计划后，应认真阅读、思考，详细、准确地了解旅游团在当地的活动项目和要求，对其中的重点和疑难点要做记录，阅读接待计划时要熟知以下内容。

（1）旅游团基本信息

组团社信息；旅游团信息；旅游团种类；旅游团等级和费用结算方式；旅游团住房及标准、用车、游览、餐食标准。

（2）旅游团成员情况

旅游团人数、性别、国籍（省份、城市）、年龄、饮食习惯，尽可能了解旅游团成员的职业、文化层次、宗教信仰等。

（3）旅游团抵离本地情况

抵离时间、所乘交通工具类型、航班和使用的交通港名称。

（4）旅游团交通票据情况

赴下一站交通票据是否订妥，有无变更和更改后的落实情况，有无返程票。

（5）特殊要求和注意事项

如住房、用车、游览、餐食等方面的特殊要求，该团的特殊情况和注意事项。

6. 地陪导游如何落实接待事宜？

（1）核对日程安排表

地陪应根据接待计划安排的日程（ 电子行程单），认真核对接待社编制的旅游团在当地活动日程表中所列日期、出发时间、游览项目、就餐地点、风味餐品尝、购物、晚间活动、自由活动和会见等项目。如发现有出入应立即与本社有关人员联系核实，以免实施时出现不必要的麻烦。

（2）落实接待车辆

地培应在接团前同司机商定接头的时间和地点。提醒司机检查车辆空调、话筒及音响、座椅及安全带等设备，保证设备的正常使用。

（3）落实住房

地路应熟悉旅游团所住饭店的位置、概况、服务设施和服务项目，如距市中心的距离、附近有何购物娱乐场所、交通状况等。

（4）落实用餐

地陪应熟悉旅游团就餐餐厅的位置、特色。与各有关餐厅联系，确认该团日程表上安排的每一餐的落实情况，并告知旅游团的团号、人数、餐饮标准、日期、特殊要求和饮食禁忌等。

（5）落实行李运送

若旅行社为旅游团安排了行李车，地陪应与行李员联系，告知旅游团抵达的时间、地点以及下榻的饭店。

（6）了解不熟悉的参观游览点

对新开放的旅游景点或不熟悉的参观旅游点，地陪应事先了解景点位置、行车线路、开放时间、最佳游览线路、厕所位置等。

（7）核实旅游团（者）离开当地的出票情况

地陪应主动与计调部门联系，核实旅游团（者）离开当地的交通工具出票情况，并核实航班（车次、船次）确定的出发时间，以便在接待中安排好旅游团（者）离开饭店前往机场（车站、码头）及托运行李出客房的时间。

（8）落实其他计划内项目的安排情况

如果组团社发来的接待计划中包括该旅游团（者）的会见，宴请、品尝风味餐等活动，地陪应在接团前与计调部门联系，请其落实相关的会见、宴请、风味餐的单位、人员等事宜。

（9）与全陪联系

地陪应提前与全陪取得联系，了解该团有何变化情况，对在当地的安排有何要求。

（10）掌握有关联系电话号码

地陪应掌握包括接待社各部门、行李员、全陪导游、旅游车租车公司（旅行社车队）、就餐餐厅、下榻饭店、景区、机场（车站或码头）、下一站接待旅行社等的联系电话。

7. 地陪导游接团前应做好哪些准备工作?

（1）熟悉接待计划

（2）落实接待事宜

（3）知识准备

专业知识准备；语言准备。

（4）物质准备

领取必要的票证、表格和费用；准备工作物品；准备个人物品。

（5）形象准备

仪容、仪表准备。

（6）心理准备

准备面临艰苦复杂的工作；准备承受抱怨和投诉；准备面对形形色色的“精神污染”和“物质诱惑”。

8. 旅游团抵达前，导游应该做好哪些准备工作?

（1）确认旅游团所乘交通工具抵达的准确时间

接团当天，地陪应及早与旅游团全陪或领队联系，了解旅游团所乘交通工具的运行情况，了解其抵达的准确时间。

（2）与旅游车司机联络

与其商定出发时间，确保旅游车提前半小时抵达接站地点，并告知司机旅游团活动日程和具体时间。

（3）与行李员联络

若为旅行团配备了行李车，地陪应提前与行李员联系，告知旅游团的名称、人数和行李运送地点。

（4）再次核实确认旅游团抵达的准确时间

（5）持接站标志迎候旅游团

旅游团所乘交通工具抵达后，地陪应在旅游团出站前，来联系对方，并持接站牌站立在出口醒目的位置，面带微笑，热情迎候旅游团。

9. 旅游团抵达后，地陪导游应当做好哪些接站服务工作？

（1）认找旅游团

游客出站时，地陪应尽快认找所接旅游团。认找的方法是地陪应站在明显的位置举起接站牌或导游旗，以便领队、全陪（或客人）前来联系。同时还可以地陪通过手机与全陪或领队联系，了解游客出站情况。

（2）认真核实人数

接到应接的旅游团后，地陪要向领队（或客人）做自我介绍，并与领队和全陪核实实到人数。如与计划的人数不符，要及时通知旅行社，以便安排住宿、餐饮上的变更。如所接旅游团无领队和全陪，地陪应与旅游团成员核对团名、人数及团员姓名。

（3）集中检查行李

若旅游团是乘飞机抵达，地陪应协助该团游客将行李集中到指定的位置，提醒游客检查各自的行李物品是否齐全、是否有行李被损坏，若有行李被损坏，地陪应协助游客找机场的有关部门进行赔偿处理。

（4）集合登车

地陪要提醒客人带齐行李物品，引导游客前往旅游车停放处。旅游车司机应当打开大巴车底层的行李柜或汽车后备厢，帮助客人码放行李。地陪要站在车门旁，搀扶或协助客人上车。待客人坐定后，地陪要做好的第一件事是礼貌地清点人数，清点无误后方可示意司机开车。

10. 赴饭店途中地陪导游应当做好哪些工作？

（1）致欢迎词：欢迎词一般应包括问候语、欢迎语、介绍语、希望语和祝愿语。

（2）调整时间：如接入境旅游团，地陪在致完欢迎词后，要介绍两国的时差，请游客将自己的表调到北京时间。

（3）首次沿途导游

主要包括本地概况介绍、风光风情导游和下榻饭店的情况。

（4）宣布当日或次日的活动安排

在首次沿途导游后，地陪应尽快与领队、全陪商量当日或次日活动安排，包括叫早时间、早餐时间和地点、集合时间和地点、旅行线路等，商定后地陪应向客人宣布当日或次日的活动安排，并提醒游客做好必要的参观游览准备。

（5）宣布集合时间、地点和停车地点

旅游车驶进下榻饭店后，地陪应在游客下车前向其讲清下次集合的时间、地点和停车地点，让其记住旅游车的颜色、车型和车牌号。

11. 在入住饭店服务中，导游员应当做好哪些工作？

（1）协助办理住店手续

（2）介绍饭店设施

包括外币兑换处、中西餐厅、娱乐场所、电梯位置等，并讲清住店注意事项，提醒游客饭店安全通道位置以及房间安全注意事项等。

（3）带领游客用好第一餐

游客进入房间前，地陪要向客人介绍该团就餐餐厅的地点、时间、就餐形式。待全体团员到齐后，带领他们进入餐厅，向邻座服务员问清本团的桌次后，再带领游客到指定餐桌入座，告知游客用餐的有关规定。

（4）处理游客入住后有关问题

如门锁打不开、设施设备问题、网络问题等，地陪应及时与饭店联系，迅速解决，并向游客说明情况，表示歉意。

（5）照顾行李进房

确保游客带着自己的行李进入房间。若个别游客未拿到行李或者拿到的行李有破损，地陪应尽快查明原因，采取相应的措施。

（6）确定叫醒时间

地陪在结束当天活动离开饭店之前，应与领队确定第二天的叫醒时间，并将确定的叫醒时间通知饭店前台，由前台做好电话叫醒服务。

12. 参观游览出发前的导游服务有哪些？

（1）做好出发前的准备

出发前地陪应准备好电子导游证、导游旗、导游身份标识和必要的票证。核实旅游团中、晚餐落实情况。

（2）提前到达出发地点

至少提前 10 分钟到达集合地点，并督促旅游车司机做好出发前的各项准备工作。

（3）核实清点实到人数

若发现有游客未到，地陪应向全陪、领队或其他游客问明原因；若因有事不能随团活动要通知接待社；若因病不能随团活动，游客愿意留在饭店，要报告饭店有关部门。

（4）提醒注意事项

地陪要向游客预报当日天气和游览景点的地形、行走路线的长短等情况，必要时提醒游客带好衣服、雨具及鞋子等。

（5）准备集合登车

游客上车时，地陪要站在车门旁，面带微笑，扶老携幼，清点人数。人数确认无误后再请司机开车。

13. 赴旅游景点、景区途中，地陪导游的工作有什么？

（1）重申当日活动安排

开车后，地陪要向游客重申当日的活动安排，包括参观景点的名称，到达游览点所需时间，午、晚餐时间和地点等，还要视情况介绍当日国内外重要新闻。

（2）沿途风光导游

在前往景点的途中，地陪应介绍沿途的主要景物，并相机向游客介绍当地的风土人情、历史典故等，以加深游客对目的地的了解，并回答游客提出的问题。讲解中要注意所见景物与介绍“同步”，并留意游客的反应，以便对其中的景物做更为深入的讲解。

（3）介绍旅游景点

抵达景点前，地陪应向游客介绍该景点的概况，尤其是其形成原因、价值和特色。介绍要简明扼要，目的是满足游客想事先了解景点有关知识的心理，激发其游览该景点的欲望，同时也为即将开始的参观游览活动做一个铺垫。

（4）活跃气氛

如前往景点的路途较长，地陪可同游客讨论一些他们感兴趣的热点问题，或组织适当的娱乐活动，如猜谜语、讲故事等，以活跃途中气氛。

14. 抵达景点后的导游服务有什么？

（1）交代游览中的注意事项

抵达景点时，地陪在下车前要讲清和提醒游客记住旅游车的型号、颜色、标志、车号和停车地点以及开车时间。尤其是下车和上车不在同一地点时，地陪更应提醒游客注意。在景点示意图前，地陪应讲明游览线路、游览所需时间以及集合时间和地点等。地陪还应向游客讲明游览参观中的注意事项，如禁止吸烟、不能拍照等。

（2）游览中的导游讲解

抵达景点后，地陪要对景点有关景物进行导游讲解。它是地陪传播当地文化和丰富游客知识的主要途径，因此讲解前应对讲解的内容预先有所构思和计划，应根据游客的情况和计划的游览时间长短来确定，但是主要内容应包括景点的历史背景、特色、地位和价值等。在景点导游过程中，地陪应保证在计划的时间与费用内，能使游客充分地参观游览，注意做好导游与讲解的结合，适当集中与分散的结合，劳逸结合，以及对老弱病残游客的关照。

（3）注意游客安全

地陪应留意游客的动向，防止游客走失和治安事故的发生。

15. 计划内团餐服务中导游服务应注意哪些事情？

（1）地陪要提前落实本团的用餐，对每餐的用餐地点、时间、人数、标准、特殊要求逐一核实并确认。

（2）用餐时，地陪应引领游客进入餐厅，然后清点人数，介绍餐厅的有关设施、菜肴特色、酒水类别和洗手间位置，告知餐饮标准所包含范围与自理项目。

（3）向领队或全陪告知地陪的用餐地点与用餐后全团的出发时间、集合地点。

（4）用餐过程中，地陪要巡视旅游团用餐情况一到两次，解答游客在用餐中提出的问题，并监督、检查餐厅是否按标准提供服务以及解决可能出现的问题，特别是食品卫生问题，要特别引起导游的重视。

（5）用餐后，地陪要严格按照实际用餐人数、标准和饮用酒水数量，如实填写“餐饮费结算单”或用现金与餐厅结账，并索要正规发票。

16. 回程中的导游服务包括什么？

当天的旅游活动结束后，在返回饭店的途中，地陪应做的主要工作有：

（1）回顾当天活动

返程中，地陪要将当天参观、游览的内容，用画龙点睛的方法做简要小结，必要时可做补充讲解，并回答游客的有关问题，以加深游客对当日活动的印象。

（2）进行风光导游

为了让游客能看到更多的景物，地陪应尽量避免旅游团由原路返回。在返回途中要对沿途的景物做必要的介绍。如果游客经过一天的参观游览活动显露出疲惫之态，地陪可在做完一天旅游活动的简要回顾之后让其休息。

（3）提醒注意事项

若当晚旅游团无活动安排，游客可能会自行外出活动，地陪要事先提醒游客最好结伴同行，并带上饭店的卡片以防迷路。

（4）宣布次日活动日程

返回饭店下车前，地陪要向游客宣告当日晚上和次日的活动日程、出发时间、集合地点等。提醒游客下车时带好随身物品，并率先下车，站在车门一侧照顾游客下车，随后将游客送回饭店。

（5）安排叫早服务

如旅游团需要叫早服务，地陪应安排妥当。与全陪、领队确认当日工作完成后方可离开饭店。

17. 送行前，地陪导游应做好哪些工作？

（1）核实交通票据

旅游团离开的前一天，地陪应认真核实旅游团离开的机（车、船）票，包括团名、代号、人数、全陪姓名、去向、航班（车次、船次）、起飞（开车、起航）时间（时间要做到四核实：计划时间、时刻表时间、票面时间、问询时间）、在哪个机场（车站、码头）离开等事项，然后移交给全陪。

若是乘飞机离境的旅游团，地陪除了要核实机票的上述内容外，还应掌握该团机票的种类，并提醒领队和游客提前准备好海关申报单，以备海关查验。

（2）商定出行李时间

首先，地陪应先了解旅行社行李员与饭店行李员交接行李的时间（或按旅行社规定的时间），然后与饭店礼宾部商定地陪、全陪、领队与饭店行李员四方交接行李的时间。

其次，在上述四方交接行李时间商定后，地陪再与领队、全路起商定游客出行李的时间，商定后再通知游客。

最后，一般旅游团不安排行李车，客人行李随车运送，地陪通知客人出发时间时一并提醒客人带上行李即可。

（3）商定集合出发时间

由于司机对路况比较熟悉，所以出发时间一般由地陪首先与司机来商定；为了让安排得更合理，地陪还应与领队、全陪商议，商定后应及时通知游客。

（4）商定叫早和早餐时间

地陪应与领队、全陪商定叫早和早餐时间，并及时通知饭店有关部门和游客。如果该团是乘早班飞机或火车离开，需要改变用餐时间、地点和方式（如带盒饭），地陪要及时做好有关安排。

（5）提醒结账

旅游团离店前，地陪应提醒、督促游客尽早与饭店结清其有关账目，如洗衣费、长途电话费、食品饮料费等。若游客损坏了客房设备，地陪应协助饭店妥善处理赔偿事宜。地陪应将旅游团的离店时间及时通知饭店总台，提醒其及时与游客结清账目。

（6）及时归还证件

一般情况下，地陪不应保管旅游团的证件，用完后应立即归还游客或领队。尽管如此，离店前天，地陪还是应检查自己的物品，看是否保留有游客的证件、票据等，如有应立即归还，当面点清。

18. 送行服务包括哪些内容？

（1）致欢送词

欢送词的内容主要包括：

①回顾语：在去机场（车站、码头）的途中，地陪应对旅游团在本地的行程，包括食、住、行、游、购、娱等各方面做一个概要性的回顾，目的是加深游客对这次旅游经历的体验。

②感谢语：对游客及领队、全陪、司机的合作表示感谢。若旅游活动中有不尽如人意之处，可借此机会表示真诚的歉意。

③征求意见语：诚恳地征询意见和建议。

④惜别语：表达友谊和惜别之情。

⑤祝愿语：表达美好的祝愿，期待再次相逢。

（2）提前到达机场（车站、码头），照顾游客下车

地陪带团到达机场（车站、码头）必须留出充裕的时间。按照要求，出境航班提前 3 小时或按航空规定的时间；乘国内航班提前 2 小时；乘火车、轮船提前 1 小时。

（3）办理离站手续

（4）与司机结账

送走旅游团后，地陪应按旅行社的规定与司机办理结账手续，或在用车单据上签字，并妥善保留好单据。

19. 送走旅游团后，地陪导游的后续工作有哪些？

（1）处理遗留问题

地陪下团后，应认真、妥善地处理好旅游团的遗留问题，按有关规定办理游客托办的事宜，必要时请示领导后再办理。

（2）结账

地陪要按旅行社的具体要求在规定的时间内，填写清楚有关接待和财务结算表格，连同保留的单据、活动日程表等按规定上交有关人员，并到财务部门结清账目。

（3）接团小结

地陪应养成每次下团后总结本次出团工作的良好习惯，认真填写导游日志，实事求是地汇报接团情况，尤其是突发事件。

涉及一些游客意见较大或比较严重的问题时，地陪要整理成书面材料，内容要翔实，尽量引用原话，并注明游客的身份，以便旅行社有关部门和相关单位进行交涉。若发生重大事故，应实事求是地写出事故报告，及时向接待社和组团社汇报。

（4）提交物品

地陪应提交导游日志及旅游服务质量评价表，并及时归还在接待社里所借的物品。

20. 散客旅游的含义机特点

散客旅游是指游客自行安排旅游行程，以零星现付的方式购买各项旅游服务的旅游形式。一般分为自助游和定制游两种。前者是指个人、家庭或亲

朋好友一起不使用旅行社的服务而自定行程、自主安排各项旅游事宜的旅游活动；后者是指个人、家庭或亲朋好友一起自行安排旅游行程但部分使用旅行社服务的旅游活动，也可以是旅行社根据散客所提具体要求所设计的完整的定制旅游产品。

散客旅游的特点包括：规模小，批次多，要求多，变化大，自由度大，预定期短。

21. 导游带团的原则是什么？

（1）游客至上原则

导游在带团过程中，要有强烈的责任感和使命感。工作中要明辨是非，任何情况下都要严格遵守职业道德，遇事多从游客的角度去思考，将维护游客的合法利益摆在首位，真正做到“游客至上”。

（2）服务至上原则

“服务至上”既是导游的一条服务准则，也是导游职业道德中一项最基本的道德规范，还是导游在工作中处理问题的出发点。“服务至上”的关键在于关心他人，导游要始终将游客放在心上，时时刻刻关心游客。

（3）履行合同原则

导游带团要以旅游合同为基础，是否履行旅游合同的内容，是评价导游是否尽职的基本尺度。一方面，导游要设身处地为游客考虑；另一方面，导游也应考虑旅游企业的利益。力争使游客在合同约定的范围内获得优质的服务，使旅行社获取应得的利益。

（4）公平对待原则

不管游客是来自境外或境内，也不管游客的肤色、语言、信仰、消费水平如何，导游都应一视同仁，公平对待。特别是不应对一些游客表现出偏爱或偏见，从而造成旅游团队内部关系的紧张，影响导游服务的正常进行。

22. 导游如何与司机合作？

旅游车司机在旅游活动中扮演着非常重要的角色，司机一般熟悉旅游线路和路况，经验丰富，导游与司机配合的好坏，是导游服务工作能否顺利进行的重要因素之一。

（1）及时向司机通报相关信息

旅游线路有变化时，导游应提前告诉司机；如果接待的是外国游客，在旅游车到达景点时，导游用外语向游客宣布集合时间、地点后，要记住用中文告诉司机。

（2）协助司机做好安全行车工作

大部分旅游车的司机具有丰富的驾驶经验，可以胜任旅游团的安全驾驶任务。但有些时候，导游适当给予协助能够减轻司机的工作压力，便于更好地开展工作。导游可为司机做的一些小事情，包括：遇到险情，由司机保护车辆和游客，导游去求援；在行车途中不要与司机闲聊，影响驾驶安全等。

（3）征求司机对日程安排的意见

导游在旅游过程中应注意倾听司机的意见，从而使司机产生团队观念和被信任感，积极参与导游服务工作，帮助导游顺利完成带团的工作任务。

23. 导游讲解的原则是什么？

（1）客观性原则

所谓客观性是指导游讲解要以客观现实为依据，在客观现实的基础上进行意境的再创造。在导游讲解中，导游无论采用什么方法或运用何种技巧，都必须以客观存在为依托，必须建立在自然界或人类社会某种客观现实的基础上。

（2）针对性原则

所谓针对性是指导游从游客的实际情况出发，因人而异、有的放矢地进行导游讲解。游客来自四面八方，审美情趣各不相同，因此，不同游客的具体情况，在讲解内容、语言运用、讲解方法上有所区别。

（3）计划性原则

所谓计划性就是要求导游在特定的工作对象和时空条件下发挥主观能动性，科学地安排游客的活动日程，有进化地进行讲解。

（4）灵活性原则

所谓灵活性是指导游讲解要因人而异、因时而异、因地制宜。

24. 导游讲解的基本方法有哪十种？

（1）概述法

概述法是导游就旅游城市或景区的地理、历史、社会、经济等情况向游客进行概括性的介绍，使其对即将参观游览的城市或景区有了一个大致的了解和轮廓性认知的一种导游方法。

（2）分段讲解法

分段讲解法就是对那些规模较大、内容较丰富的景点，导游将其分为前后衔接的若干部分来逐段进行讲解的导游方法。

（3）突出重点法

导游讲解时一般要突出以下方面：突出景点的独特之处，突出具有代表性的景观，突出游客感兴趣的内容，突出“……之最”。

（4）问答法

包括自问自答法、我问客答法、客问我答法和客问客答法四种形式。

（5）虚实结合法

虚实结合法就是在导游讲解中将典故、传说与景物介绍有机结合，即编织故事情节的导游方法。

（6）触景生情法

触景生情法就是在导游讲解过程中见物生情、借题发挥的一种导游方法。导游利用所见景物制造意境，引人入胜，使游客产生联想，从而领略其中之妙趣。

（7）制造悬念法

制造悬念法就是导游在导游讲解时提出令人感兴趣的话题，但故意引而不发，激起游客急于知道答案的欲望，使其产生悬念的导游方法。

（8）类比法

类比法就是在导游讲解中风物对比，以熟喻生，以达到类比旁通过的一种导游方法，分为同类相似类比和同类相异类比。

（9）妙用数字法

妙用数字法就是在导游讲解中巧妙地运用数字来说明景观内容，以促使游客更好地理解的一种导游方法。

（10）画龙点睛法

画龙点睛法就是导游用凝练的此句概括所游览景点的独特之处，给游客留下突出印象的导游方法。

25. 护照的概念和分类

护照是一国主管机关发给本国公民出国或在国外居留的证件，以证明其国籍和身份。护照一般分外交护照、公务护照和普通护照三种。

外交护照发给政府高级官员、国会议员、外交和领事官员、负有特殊外交使命的人员、政府代表团成员等。持有外交护照者在外国享有外交礼遇。

公务护照发给政府一般官员、驻外使、领馆工作人员及因公派往国外执行文化、经济等任务的人员。

普通护照发给出国的一般公民、国外侨民等。

# 第五章
# 导游服务应变能力

导游服务不仅要求为游客提供专业的旅游指导和解说，还应当提供各种旅游信息和帮助游客解决旅游中遇到的问题。在导游人员带团游览过程中，常常会遇到一些意料之外、想象不到的问题和事故，对游客来说，任何问题和事故的发生都是不愉快的，甚至是不幸的。因此，导游人员一定要尽心竭力地做好服务工作，与各方密切合作，时刻警惕，采取各种有效措施，预防问题和事故的发生，同时在满足游客共同要求的同时，还需要处理好旅游者的个别要求。

在吉林省导游现场考试过程中，第四环节为应变能力问答，主要考核考生对游客个别要求的处理原则、旅游过程中的突发事件及特殊问题的应变和处理能力。本环节由考生抽取其中一题，考官读题，考生口述作答，答题时间为 2~3 分钟。以下为本环节题库及参考答案。

1. 什么是漏接？漏接的原因是什么？

漏接是指旅游团（者）抵达后，无导游迎接的现象。

漏接的原因主要包括两个方面：

（1）主观原因造成的漏接

由于导游自身工作不够细致，没有认真阅读接待计划，把旅游团（者）抵达的日期、时间、地点搞错；导游迟到，没有按预定的时间提前抵达接站地点；由于某种原因，班次变更，旅游团提前到达，接待社有关部门在接到上一站通知后，在接待计划中注明，但导游没有认真阅读，仍按原计划接站；

导游没有查对新的航班时刻表，特别是新、旧时刻表交替时，“想当然”仍按旧时刻表的时间接站，因而造成漏接事故；导游举牌接站的地方选择不当。

（2）客观原因造成的漏接

由于种种原因，上一站接待社将旅游团原定的班次或车次变更而提前抵达，但漏发变更通知，造成漏接；接待社已接到变更通知，但有关人员没有及时通知该团地陪，造成漏接：司机迟到，未能按时到达接站地点，造成漏接；由于交通堵塞或其他预料不到的情况发生，未能及时抵达机场（车站），造成漏接；由于国际航班提前抵达或游客在境外中转站乘其他航班而造成漏接。

2. 如何预防漏接？

（1）要认真阅读计划

导游接到任务后，应了解旅游团抵达的日期、时间、接站地点（具体是哪个机场、车站、码头），并亲自核对清楚。

（2）要核实交通工具到达的准确时间

旅游团抵达的当天，导游应与旅行社有关部门联系，了解班次或车次是否有变更，并及时与机场（车站、码头）联系，核实抵达的确切时间。

（3）要提前抵达接站地点

导游应与司机商定好出发时间，保证按规定提前 30 分钟到达指定接站地点。

3. 如何处理漏接？

（1）实事求是地向游客说明情况，诚恳地赔礼道歉，求得游客谅解。如果不是自身的原因要立即与接待社联系，告知现状，立即查明原因，并耐心向游客做解释工作，消除误解。

（2）尽量采取弥补措施，使游客的损失降到最低限度。如果有费用问题（如游客乘出租车到饭店的车费），应主动将费用赔给游客。

（3）提供更加热情周到的服务，高质量地完成计划内的全部活动内容，以求尽快消除因漏接而给游客造成的不愉快情绪。

（4）必要时请接待社领导出面赔礼道歉，或酌情给游客一定的物质补偿。

4. 什么是错接？如何预防错接？

错接是指导游人员在接站时未认真核实接待计划，接了不该接的旅游团。错接属于责任事故。

错接的预防：

（1）预防错接要提前抵达接站地点。导游应与司机商定好出发时间，保证按规定提前30分钟到达指定接站地点。

（2）预防错接要认真核实接团信息。导游接到团队后，首先要认真核实客源地组团旅行社名称、旅游目的地组团旅行社名称、旅游团代号、人数、领队姓名、下榻饭店等。

（3）提高警惕，严防社会其他人员非法接走旅游团。

5. 如何处理错接？

一旦发现错接，地陪应立即采取的措施是：

（1）报告领导。发现错接后马上向接待社领导及有关人员报告，查明两个错接团的情况，再做具体处理。

（2）将错就错。如经核查，错接发生在本社的两个旅游团之间，两个导游又同是地陪，那么可将错就错，两个地陪将接待计划交换之后就可继续接团。

（3）必须交换。如经核查，错接的团分属两家接待社接待，则必须交换；如错接的两个团属同旅行社接待，但两个导游中有一个是地陪兼全陪，那么也应交换旅游团。

（4）地陪要实事求是地向游客说明情况，并诚恳地道歉，以求得游客的谅解。

（5）如发生其他人员（非法导游）将游客带走，应马上与饭店联系，看游客是否已入住应下榻的饭店。

6. 什么是误机（车、船）事故？如何预防误机（车、船）事故？

误机（车、船）事故是指因故造成旅游团（者）没有按原定航班（车次、船次）离开本站而导致暂时滞留。

误机（车、船）带来的后果严重，杜绝此类事故的发生关键在预防，地陪应做到以下几点：

（1）认真核实机（车、船）票的班次（车次、船次）、日期、时间及在哪个机场（车站、码头）乘机（车、船）等。

（2）如果票据未落实，接团期间应随时与接待社有关人员保持联系。没有行李车的旅游团在拿到票据核实无误后，地陪应立即将其交到全陪或游客手中。

（3）离开当天不要安排旅游团到地城复杂、偏远的景点参观游览，不要安排自由活动。

（4）留有充足的时间去机场、车站、码头，要考虑到交通堵塞或突发事件等因素。

（5）保证按规定的时间到达机场、车站或码头。乘国内航班：提前 2 小时到达机场；乘国际航班出境：提前 3 小时到达机场；乘火车成轮船：提前 1 小时到达火车站或码头。

7. 发生误机（车、船）事故如何处理？

（1）将成事故的应急措施

旅游团正在去往机场（车站、码头），将成误机（车、船）事故时，导游应采取如下应急措施：与机场取得联系，请求等候，讲明旅游团的名称、人数、现在何处、大约何时能够抵达机场。如取得同意，导游要立即组织游客尽快赶赴机场，同时向旅行社汇报情况，请求帮助协调。同时还需要向各个有关部门、有关人员（如海关、交通车队、行李员、旅游车司机等）讲清游客误机情况和补救办法，并说明请求协助的事项。

（2）已成事故的处理办法

①地陪应立即向旅行社领导及有关部门报告并请求协助。

②地陪和旅行社尽快与机场（车站、码头）联系，争取让游客乘最近班次的交通工具离开本站，或采取包机（车厢、船）或改乘其他交通工具前往下一站。

③稳定旅游团（者）的情绪，安排好在当地滞留期间的食宿、游览等事宜。

④及时通知下站，对日程做相应的调整。

⑤向旅游团（者）赔礼道歉。

⑥写出事故报告，查清事故的原因和责任，责任者应承担经济损失并受相应的处分。

8. 如何预防游客丢失证件、钱物、行李？

（1）多做提醒工作

参观游览时，导游人员要提醒游客带好随身物品和提包；在热闹、拥挤的场所，要提醒游客保管好自己的钱包、提包和贵重物品；离开饭店时，要提醒游客带好随身行李物品，检查是否带齐了旅行证件；下车时提醒游客不要将贵重物品留在车上。

（2）不代为保管游客证件

导游在工作中需要游客的证件时，要经由领队收取，用毕立即如数归还，不要代为保管；同时还要提醒游客保管好自己的证件。

（3）切实做好行李的清点、交接工作。

（4）每次游客下车后，导游都要提醒司机清车、关窗并锁好车门。

9. 外国游客在我国丢失护照和签证，如何处理？

当游客丢失证件时，导游应先请游客冷静地回忆，详细了解丢失情况，尽量协助寻找。如确实丢失，应马上报告组团社或接待社，根据组团社或接待社的安排，协助游客向有关部门报失，补办必要的手续，所需费用由游客自理。

如外国游客在我国丢失护照和签证，应如下处理：

（1）出具证明：外国游客在我国旅游期间丢失护照或签证，负责接待的旅行社要出具证明。

（2）准备照片：请失主准备照片。

（3）公安报失：失主本人持旅行社开具的证明，去当地公安局外国人出入境管理处报失，由公安局再出具证明。

（4）补办护照：失主本人持公安局的证明去所在国驻华使领馆申请补办新护照。

（5）办理签证：失主领到新护照后，再去公安局办理签证手续。

10. 中国公民出境旅游时丢失护照、签证，如何处理？

首先，请地陪协助在接待社开具遗失证明。其次，持遗失证明到当地警察机构报案，并取得警察机构开具的报案证明。再次，持当地警察机构的报案证明和有关材料到我国驻该国使、领馆领取中华人民共和国旅行证。最后，回国后，可凭中华人民共和国旅行证和境外警方的报失证明，申请补发新护照。

11. 外国游客钱物丢失，导游人员应当如何处理？

（1）稳定失主情绪，详细了解物品丢失的经过、物品的数量、形状、特征、价值。仔细分析物品丢失的原因、时间、地点，并迅速判断丢失的性质：是不慎丢失还是被盗。

（2）立即向公安局或保安部门以及保险公司报案（特别是贵重物品的丢失）。

（3）及时向接待社领导汇报，听取领导指示。

（4）接待社出具遗失证明。

（5）若丢失的是贵重物品，失主持证明、本人护照或有效身份证件到公安局出入境管理处填写失物经过说明，列出遗失物品清单。

（6）若失主遗失的是入境时向海关申报的物品，要出示中国海关行李申报单。

（7）若将中国海关行李申报单遗失，要在公安局出入境管理处申请办理《中国海关行李申报单报失证明》。

（8）若遗失物品已在国外办理财产保险，领取保险时需要证明，可以向公安局出入境管理处申请办理财物报失证明。

（9）若遗失物品是旅行支票、信用卡等票证，在向公安机关报失的同时也要及时向有关银行挂失。

失主持以上由公安局开具的所有证明，可供出海关时查验或向保险公司索赔。

发生证件、财物特别是贵重物品被盗是治安事故，导游应立即向公安机关及有关部门报警，并积极配合有关部门早日破案，挽回不良影响；若不能及时破案，导游要提供更加周到热情的服务，尽力安慰失主，缓解其低落的情绪并按上述步骤办理。

12. 外国游客在中国境内丢失行李，导游应如何处理？

游客在我国境内旅游期间丢失行李，一般是在三个环节上出了差错，即交通运输部门、饭店行李部门和旅行社的行李员。导游应积极设法负责查找。

（1）仔细分析，找出差错的线索或环节。如果游客在机场领取行李时找不到托运行李，则很有可能是上一站行李交接或机场行李托运过程中出现差错。这时，全陪应马上带领失主凭机票和行李牌到机场行李查询处登记办理行李丢失或认领手续，并由失主填写行李丢失登记表。地陪立即向接待社领导或有关人员汇报，安排有关人员与机场、上一站接待社、有关航空公司等单位联系，积极寻找。

如果抵达饭店后，游客告知没有拿到行李，地陪应立即依次采取以下措施：地陪与全陪、领队一起先在本团内寻找，如果不是以上原因，应立即与饭店行李部取得联系，请其设法查找。如果仍找不到行李，地陪应马上向接待社领导或有关部门汇报，请其派人了解旅行社行李员有关情况，设法查找。

（2）做好善后工作。主动关心失主，对丢失行李给失主带来的诸多不便表示歉意，并积极帮助其解决因行李丢失而带来的生活方面的困难。

（3）随时与有关方面联系，询问查找进展情况。

（4）若行李找回。及时将找回的行李归送失生。若确定行李已丢失，由责任方负责人出面向失主说明情况，并表示歉意。

（5）帮助失主根据有关规定或惯例向有关部门索赔。

（6）事后写出书面报告（事故的全过程：行李丢失的原因、经过、查找过程、赔偿情况及失主和其他团员的反映）。

13. 如何预防游客走失？

（1）做好提醒工作。提醒游客记住接待社的名称，旅游车的车号和标志，下榻饭店的名称、电话号码，带上饭店的店徽等。导游尽可能与游客互留手机号码。

团体游览时，地陪要提醒游客不要走散；自由活动时，提醒游客不要走得太远；不要回饭店太晚；不要去热闹、拥挤、秩序混乱的地方。

（2）做好各项活动的安排和预报。在出发前或旅游车离开饭店后，地陪要向游客预告一天的行程，上、下午游览点和吃中、晚餐餐厅的名称和地址。到游览点后，在景点示意图前，地陪要向游客介绍游览线路，告知旅游车的停车地点，强调集合时间和地点，再次提醒游客记住旅游车的特征和车号。

（3）时刻和游客在一起，经常清点人数。

（4）地陪、全陪和领队应密切配合。全陪和领队要主动负责做好旅游团的断后工作。

（5）导游要以高超的导游技巧和丰富的讲解内容吸引游客。

14. 游客在旅游景点走失，导游应如何处理？

（1）了解情况，迅速寻找

导游应立即向其他游客、景点工作人员了解情况并迅速寻找。地陪、全陪和领队要密切配合，一般情况下是全陪、领队分头去找，地陪带领其他游客继续游览。

（2）寻求帮助

在经过认真寻找仍然找不到走失者后，应立即向游览地的派出所和管理部门求助，特别是面积大、范围广、地段复杂、进出口多的游览点，因寻找工作难度较大，争取当地有关部门的帮助尤其必要。

（3）与饭店联系

在寻找过程中，导游可与饭店前台、楼层服务台联系，请他们注意该游客是否已经回到饭店。

（4）向旅行社报告

如采取了以上措施仍找不到走失的游客，地陪应向旅行社及时报告并请求帮助，必要时请示领导，向公安部门报案。

（5）做好善后工作

找到走失的游客后，导游要做好善后工作，分析走失的原因。如属导游的责任，导游应向游客赔礼道歉：如果责任在走失者，导游也不应指责或训斥对方，而应对其进行安慰，讲清利害关系，提醒以后注意。

（6）写出事故报告

若发生严重的走失事故，导游要写出书面报告，详细记述游客走失经过、寻找经过、走失原因、善后处理情况及游客的反映等。

15. 预防晕车（机、船）的常识有哪些？

（1）避免在旅途中过度疲劳，因为疲劳是引起“动晕症”的原因之一。

（2）提醒有“动晕症”的游客在搭乘交通工具之前避免喝酒，避免过度饱食，尤其不能吃高蛋白和高脂食品，可吃些简单清淡的食物。

（3）照顾“动晕症”的游客在前排较平稳的位置就座，座位方向应与行驶方向一致。

（4）提醒有“动晕症”的游客，不要在搭乘交通工具时间读书、看报纸和杂志，也不要直视某个近物或看窗外快速移动的景物，最好闭目养神。

（5）建议“动晕症”严重的游客，可以在搭乘交通工具前30分钟服用抗晕药物。

16. 如果游客出现中暑情况，导游应如何处理？

（1）迅速将患者抬到通风、阴凉、干爽的地方，使其仰卧并解开衣扣，松开或脱去衣服，如衣服被汗水湿透最好能更换干衣服。同时可用扇子轻扇，帮助散热。

（2）面部发红的患者可将头部稍垫高，面部发白者头部略放低，使其周身血液流通。

（3）最好在患者头部捂上一块冷毛巾，可用浓度50%的酒精、冰水、冷水进行全身擦浴，使末梢血管扩张，促进血液循环，然后用扇子或电扇吹风，促进散热。

（4）若患者已失去知觉，可让其嗅一些有刺激气味的东西或掐其人中，刺激其苏醒，醒后可喂一些清凉饮料或淡盐水。

（5）轻症患者经上述处理后，待体温降到38℃后，体征平稳可送其回酒店休息；重症中暑患者应该迅速与医院联系。

17. 如游客患一般疾病，导游应如何处理？

经常有游客会在旅游期间感到身体不适或患一般疾病，如感冒、发烧、水土不服、晕车、失眠、便秘、腹泻等，这时导游应该注意以下几方面。

（1）劝其及早就医，注意休息，不要强行游览

在游览过程中，导游要观察游客的神态、气色，发现游客的病态时，应多加关心，照顾其坐在较舒服的座位上，或留在酒店休息，但一定要通知酒店给予关照，切不可劝其强行游览。游客患一般疾病时，导游应劝其及早去医院就医。

（2）关心患病的游客

对因病没有参加游览活动、留在饭店休息的游客，导游要主动前去问候，询问身体状况，以示关心。必要时通知餐厅为其提供送餐服务。

（3）需要时导游可陪同患者前往医院就医

应向患者讲清楚，所需费用要自理，提醒其保存诊断证明和收据。

（4）严禁导游擅自给患者用药

导游不能擅自给患者提供药品。

18. 如何预防旅游活动中的交通事故？

（1）司机开车时，导游不要与司机聊天，以免分散其注意力。

（2）安排游览日程时，在时间上要留有余地，避免造成司机为抢时间、赶日程而违章超速行驶。不催促司机开快车。

（3）如遇天气不好（下雪、下雨、有雾）、交通堵塞、路况不好，尤其是狭窄道路、山区行车时，导游要主动提醒司机注意安全，谨慎驾驶。

（4）如果天气恶劣，地陪对日程安排可适当灵活地加以调整；如遇有道路不安全的情况，可以改变行程。必须把安全放在第一位。

（5）阻止非本车司机酒后开车。提醒司机在工作期间不要饮酒。如遇司机酒后开车，决不能迁就，地陪要立即阻止，并向领导汇报，请求改派其他车辆或换司机。

（6）提醒司机经常检查车辆，发现事故的隐患，及时提出更换车辆的建议。

19. 什么是治安事故？如何预防治安事故？

在旅游活动过程中，遇到坏人行凶、诈骗、偷窃、抢劫，导致游客人身及财物受到不同成度的损害的事故，统称为治安事故。预防治安事故包括：

（1）入住饭店时，导游应建议游客将贵重财物存入酒店保险柜，不要随身携带大量现金或将大量现金放在客房内。

（2）提醒游客不要将自己的房号随便告诉陌生人；更不要让陌生人或自称酒店的维修人员随便进入自己的房间；尤其是夜间决不可贸然开门，以防发生意外；出入房间一定要锁好门。

（3）提醒游客不要与私人兑换外币，并讲清关于我国外汇管制的规定。

（4）每当离开游览车时，导游都要提醒游客不要将证件或贵重物品遗留在车内。游客下车后，导游要提醒司机关好车窗、锁好车门，尽量不要走远。

（5）在旅游景点活动中，导游要始终和游客在一起，随时注意观察周围的环境，发现可疑的人或在人多拥挤的地方，要提醒游客看管好自己的财物，如不要在公共场合拿出钱包，最好不买小贩的东西（防止物品被小贩偷去），并随时清点人数。

（6）汽车行驶途中，不得停车让非本车人员上车、搭车；若遇不明身份者拦车，导游提醒司机不要停车。

20. 如果发生治安事故，导游应如何处理？

导游在陪同旅游团（者）参观游览的过程中，遇到此类治安事件的发生，必须挺身而出，全力保护游客的人身安全，决不能置身事外，更不能临阵脱逃，发现不正常情况，立即采取行动。

（1）全力保护游客

遇到歹徒向游客行凶、抢劫，导游应做到临危不惧，毫不犹豫地挺身而出，勇敢地保护游客。同时，立即将游客转移到安全地点，力争在群众和公安人员的帮助下缉拿歹徒，追回钱物，但也要防备犯罪分子携带凶器狗急跳墙。所以，切不可鲁莽行事，要以游客的安全为重。

（2）迅速抢救伤员

如果有游客受伤，应立即组织抢救，或送伤者去医院。

（3）立即报警求助

治安事故发生后，导游应立即向公安局报警（110），如果罪犯已逃脱，导游要积极协助公安局破案。要把案件发生的时间、地点、经过、作案人的特征，以及受害人的姓名、性别、国籍、伤势及损失物品的名称、数量、型号、特征等向公安部门报告清楚。

21. 如何预防火灾？

（1）做好提醒工作

提醒游客不要携带易燃、易爆物品；不乱扔烟头和火种，不要躺在床上吸烟。向游客讲清：在托运行李时应按运输部门有关规定去做，不得将不准作为托运行李运输的物品夹带在行李中，只有这样，才能尽可能地减少火灾。

（2）熟悉饭店的安全出口和转移线路

导游带领游客住进饭店后，在介绍饭店内的服务设施时，必须介绍酒店楼层的太平门、安全出口、安全楼梯的位置，并提醒游客进入房间后，看懂房门上贴的安全转移线路示意图，掌握失火时应走的线路。

（3）牢记火警电话

导游一定要牢记火警电话（119）；掌握领队和全体游客的房间号码，一旦火情发生，能及时通知游客。

22. 一旦发生火灾，导游应如何处理？

万一发生了火灾，导游首先应报警；其次，迅速通知领队及全团游客；再次，配合工作人员，听从统一指挥，迅速通过安全出口疏散游客；最后，判断火情，引导游客自救。如果情况危急，不能马上离开火灾现场或被困，导游应采取的正确做法如下：

（1）千万不能让游客搭乘电梯或慌乱跳楼，尤其是在三层以上的游客，切记不要跳楼。

（2）应迅速戴上防烟面具，或用湿巾捂住口鼻，以防中毒、窒息。

（3）必须穿过浓烟时，可用水将全身浇湿或披上用水浸湿的衣被，捂住口鼻，贴近地面蹲行或爬行。

（4）若身上着火，可就地打滚，将火苗压灭，或用厚重衣物压灭火苗。

（5）大火封门无法逃脱时，可用浸湿的衣物、被褥将门封堵塞严，或泼水降温，等待救援。

（6）当见到消防队来灭火时，可以摇动色彩鲜艳的衣物为信号，寻求救援。

23. 如何预防和处理食物中毒事故？

（1）食物中毒的预防

①应安排游客去卫生有保障的旅游餐厅就餐。

②提醒游客不要在小摊上购买食物。

③如用餐时发现食物、饮料不卫生或有异味变质，应立即要求更换，并要求餐厅负责人出面道歉，必要时向旅行社领导汇报。

（2）食物中毒的处理

一旦发现游客出现上吐下泻、腹痛等食物中毒症状，导游首先应立即让游客停止食用可疑食物，同时拨打120。在急救车到来之前，可采取以下自救措施。

①催吐：对中毒不久而无明显呕吐者，可以饮用5000~8000毫升的温清水，饮用后立即实行扣喉的催吐方法。催吐时要尽量避免逆行性呛咳，而且要尽量避免误吸。

②导泻：发生中毒后，如果游客进食时间已经超过2小时，但精神状态较好，此时可以选择导泻的方法，即服用泻药，促使受行染的食物尽快排出

体外。

③保留食物样本：由于确定中毒物质对于治疗来说至关重要，因此，在发生食物中毒后，要保留导致中毒的食物样本，以提供给医院进行检测。如果身边没有食物样本，也可保留患者的呕吐物和排泄物，以方便医生确诊和救治。

④处理事故的同时也应及时将情况报告旅行社，并追究餐厅的责任。

24. 如何处理游客在用餐方面的个别要求？

（1）对特殊饮食要求的处理

若游客所提要求在旅游协议书中有明文规定的，接待社必须早做安排，地陪在接团前应检查落实情况，不折不扣地兑现。若旅游团抵达后或到定点餐厅后临时提出要求，则需视情况而定。一般情况下，地陪应立即与餐厅联系，在可能的情况下尽量满足其要求；如情况复杂，确实有困难满足不了其特殊要求的，地陪则应说明情况，协助游客自行解决，例如，建议游客到零点餐厅临时点菜或带他去附近餐馆（最好是旅游定点餐馆）用餐，餐费自理。

（2）要求换餐

部分外国游客不习惯中餐的口味，在吃过几顿中餐后要求改换成西餐；有的外地游客想尝尝当地小吃，要求换成风味餐。诸如此类要求，处理时应考虑如下几个方面。

首先要看是否有充足的时间换餐。如果旅游团在用餐前 3 小时提出换餐的要求，地陪应尽量与餐厅联系，但需事先向游客讲清楚，如能换妥，差价由游客自付。并且，询问餐厅能否提供相应服务。若计划中的供餐单位不具备供应西餐或风味餐的能力，可考虑更换餐厅。如果是在接近用餐时间或到餐厅后提出换餐要求，应视情况而定；若该餐厅有该项服务，地陪应协助解决；如果情况复杂，餐厅又没有此项服务，一般不应接受此类要求，但应向游客做好解释工作。若游客仍坚持换餐，地陪可建议其到零点餐厅自己点菜或单独用餐，费用自理并告知原餐费不退。

（3）要求单独用餐

由于旅游团的内部矛盾或其他原因，个别游客要求单独用餐。此时，导游要耐心解释，并告诉领队请其调解；如游客坚持，导游可协助与餐厅联系，但餐费自理，并告知原定餐费不退。

由于游客外出自由活动，访友、疲劳等原因不随团用餐，导游应同意其要求，但要说明餐费不退。

（4）要求在客房内用餐

若游客生病，导游可请饭店将饭菜送进房间以示关怀。若是健康的游客希望在客房用餐，应视情况办理；如果餐厅能提供此项服务，可满足游客的要求，但必须告知服务费标准。

（5）要求自费品尝风味餐

旅游团要求外出自费品尝风味餐，导游应以协助，可由旅行社出面，也可由游客自行与有关餐厅联系订餐；风味餐订妥后旅游团又不想去，导游应劝他们在约定时间前往餐厅，并说明若不去用餐则必须赔偿餐厅的损失。

（6）要求推迟就餐时间

由于游客的生活习惯不同，或由于游客在某旅游地游兴未尽等原因要求推迟用餐时间，导游可与餐厅联系，视餐厅的具体情况处理。

25. 如果游客要求调换房间，导游应如何处理？

（1）房间不干净

例如，有蟑螂、臭虫、老鼠等，游客提出换房应立即满足，必要时应调换酒店。

（2）客房设施，尤其是房间卫生达不到清洁标准

应立即打扫、消毒，如游客仍不满意，坚持调房，应与酒店有关部门联系予以满足。

（3）房间的朝向、层数不佳

客人要求调换另一朝向或另一楼层的同一标准客房时，若不涉及房间价格并且酒店有空房，可与酒店客房部联系，适当予以满足，或请领队在团队内部进行调整。无法满足时，应做耐心解释，并向游客致歉。

（4）游客要住高于合同约定标准的房间

如果有空房可予以满足，但游客要交付原定酒店退房损失费和房费差价。

# 第六章
# 综合知识问答

随着时代的发展和进步，现代旅游活动更加趋向对文化、对知识的追求。人们出游除了消遣，还想通过旅游来增长知识，丰富阅历，获取教益，这就对导游提出了更高的要求。实践证明，导游的讲解和日常交谈，是旅游者获取知识的主要来源。所以，为了满足旅游者求知的需要，导游要知识面广，要有真才实学。这样，讲解起来才能做到内容丰富，言之有物。

作为一名合格的导游，必须要掌握的知识主要包括：扎实的史地文化知识、必要的政策法规知识、灵活的心理学知识、实时的时事知识等。具备丰富的知识是提高导游个人魅力的重要条件之一。所以，一名优秀的导游就是一位学富五车、博学多才的“杂家”。

在吉林省导游现场考试过程中，第五环节为综合知识问答，主要考核考生对中国特别是吉林省政治、经济、文化、社会发展等综合知识的了解程度，适当加入部分开放性的时政题目，考核考生的时政关注能力和逻辑思维表达能力。本环节由考官选取其中一题并阅读题目，由考生口述作答，答题时间为 2~3 分钟。以下为本环节题库及参考答案。

1. 请你简要说出吉林省现辖哪些行政区域。

现辖 1 个副省级城市长春，7 个地级市，分别为吉林、四平、白城、白山、通化、辽源、松原，1 个自治州，即延边朝鲜族自治州。

2. 请简要说出吉林省四个生态区域是如何分布的。

吉林省总体生态环境呈特殊的多样性和相对的整体性，而且可恢复性和保护程度较好。从生态区域分布看，由东向西自然形成东部长白山原始森林生态区、中东部低山丘陵次生植被生态区、中部松辽平原生态区和西部草原湿地四个生态区。

3. 请简要叙述吉林建置历史。

早在远古时期，就有人类在吉林这块土地上繁衍生息，逐步形成了肃慎、秽貊、东胡三大部落系统。远在舜、禹时代，吉林省境内的古代民族就开始与中原王朝建立了具有隶属性质的贡纳关系，并逐渐成为中华民族的重要组成部分。从先秦开始，吉林就被历代中央政权划入行政区域管辖之下。在汉朝时就设置了郡县，唐朝的渤海及后来的辽、金、元各代也都设立府、州、县。明朝设立都司、卫所。清顺治十年（1653），清政府设置宁古塔昂邦章京，是吉林省建置之始。清康熙十二年（1673），于船厂（今吉林市）建吉林城，史称“吉林乌拉”（满语译音“沿江”之意），吉林由此得名。清光绪三十三年（1907），正式建制称吉林行省。

4. 请简要叙述吉林省的气候特征。

吉林省位于中纬度欧亚大陆的东侧，属于温带大陆性季风气候，四季分明，雨热同季。春季干燥风大，夏季温暖多雨，秋季凉爽宜人，冬季寒冷漫长。从东南向西北由湿润气候过渡到半湿润气候再到半干旱气候，全省气温、降水、温度、风以及气象灾害等都有明显的季节变化和地域差异。年均气温为 2 ~ 6℃，呈山地偏低、平原较高的特征。冬季平均气温在 -11℃以下。夏季平原平均气温在 23℃以上。年平均降水量为 400 ~ 600 毫米，其中 80% 集中在夏季，以东部降雨量最为丰沛。

5. 请你回答吉林省的 5A 级景区有哪些（截至 2022 年年底）。

长春伪满皇宫博物院、长春净月潭国家森林公园、长春长影世纪城、长春世界雕塑园、敦化六鼎山文化旅游区、长白山景区、集安高句丽文物古迹旅游景区。

6. 请你简要叙述吉林省概况。

吉林省简称“吉”，位于中国东北地区中部，面积 18.74 万平方公里，总人口 2347.69 万人。省会长春市，是全省政治、经济、科教、文化、金融和交通中心，是著名的“汽车城”“电影城”“科教文化城”“森林城”“雕塑城”。

吉林省具有沿边近海优势，是全国9个边境省份之一，是国家“一带一路”向北开放的重要窗口。吉林省东端的珲春最近处距日本海仅15公里，距俄罗斯的波谢特湾仅4公里，是吉林乃至中国对外贸易、对外交流的重要通道。吉林省具有老工业基地振兴优势，加工制造业比较发达，汽车、石化、食品、装备制造、医药健康为五大重点产业，尤其是汽车、高铁制造在国内处于领先水平；吉林省是国家重要的商品粮生产基地，地处享誉世界的“黄金玉米带”和“黄金水稻带”，人均粮食占有量、粮食商品率、粮食调出量及玉米出口量连续多年居全国首位；吉林省是国家生态建设试点省，有自然保护区46个。长白山自然保护区被联合国确定为“人与生物圈计划”自然保留地，孕育着东北虎、东方白鹤等国际濒危野生物种。

7. 请你回答社会主义核心价值观的内容是什么。

其内容为富强、民主、文明、和谐，自由、平等、公正、法治，爱国、敬业、诚信、友善。

8. 请你简要概述吉林省的文化艺术。

早期的吉林文学包括渤海文学、辽代文学、金代文学和清代文学。吉林当代蒙古族文学、朝鲜族文学和满族文学创作均走在全国前列。吉林民间文学有着悠久的历史，并且流传广泛，既有浓郁的关东风情，又蕴含着各民族历史文化传统。

吉林省戏曲艺术地方特色色彩浓郁，文化积淀深厚。主要表演艺术有二人转、吉林秧歌、吉剧等。

吉林当地的手工艺品有松花湖浪木根雕、松花湖奇石、树皮画、满族剪纸、吉林彩绘雕刻葫芦等。

9. 吉林省现建有哪几个少数民族区域自治地方？

延边朝鲜族自治州、前郭尔罗斯蒙古族自治县、长白朝鲜族自治县、伊通满族自治县。

10.《加快构建吉林产业发展新格局实施方案》中明确，利用5~10年时间，推进三个万亿元级产业规模，请你回答是指哪三个？

推进汽车产业突破万亿元级规模、旅游业总收入达到万亿元级规模、农产品加工和食品工业接近万亿元级规模。

11.《加快构建吉林产业发展新格局实施方案》中明确，利用 5~10 年时间，壮大 5 个千亿元级优势产业，请你回答是指哪五个？

壮大石油化工、医药健康、冶金建材、装备制造、电子信息 5 个千亿元级优势产业。

12. 吉林著名的美食有哪些？

李连贵熏肉大饼、黏豆包、泡菜、冷面、打糕等。

13. 吉林省红色标识“三地三摇篮”内容是什么？

吉林省标志性的红色资源“三地三摇篮”，三地是指东北抗日联军创建地、东北解放战争发起地、抗美援朝后援地，三摇篮指的是新中国汽车工业的摇篮、新中国电影事业的摇篮、中国人民航空事业的摇篮。

14.《吉林省文化和旅游发展“十四五”规划》提出，建设冰雪经济强省，以“四轮驱动”“三廊串联”为核心，请回答“四轮驱动”“三廊串联”具体是指什么？

“四轮驱动”是：打造长吉都市冰雪与休闲度假集聚区、打造大长白山冰雪生态度假集聚区、打造通梅冰雪融合发展集聚区、打造松白冰产业集聚区。“三廊串联”是：建设东北中部冰雪产业发展走廊、建设沿中蒙俄冰雪产业发展走廊、建设东北东部冰雪产业发展走廊。

15. 在冰雪运动方面，通化有哪些全国第一？

通化市是“新中国滑雪发源地”，通化滑雪场是新中国第一座具有国际比赛水平的竞技滑雪场，被称为“中国滑雪之乡”“新中国滑雪运动的摇篮”，第一个全国滑雪冠军、第一个亚洲滑雪冠军、第一个短道速滑世界冠军。单兆鉴是新中国第一位滑雪冠军，被国际滑雪历史协会（ＩＳＨＡ）誉为“中国现代滑雪之父”。

16.《吉林省文化和旅游发展“十四五”规划》中提出的文化和旅游发展目标是什么？

到 2025 年，文化事业日益繁荣，旅游产业全面提升，冰雪经济突破创新，文化产业加快发展，文化铸魂、文化赋能和旅游为民、旅游带动作用全面凸显，优秀文艺作品、优秀文化产品和优质旅游产品充分满足人民群众美好生活需要，建设旅游强省、冰雪经济强省成效显著，为建设文化强省远景目标奠定基础。

17.《吉林省文化和旅游发展“十四五”规划》中，将重点塑造的吉林红色旅游六大品牌工程是什么?

东北抗联品牌、解放战争品牌、抗美援朝品牌、工业遗产品牌、新时代精神品牌、警示教育品牌。

18. 吉林省冰雪运动竞技成绩显著，在中国冰雪运动史上一直处于领先地位，请你说出几位吉林省优秀冰雪运动员的名字。

吉林省先后培养出周洋、李坚柔、叶乔波、陈露、张洋铭、苏翊鸣等一批优秀的奥运冠军和世界冠军，为国争光，为省争光，对吉林冰雪运动和冰雪产业发展起到了良好的示范引领作用。

19. 吉林省冰雪运动发展的航空优势是什么?

航空，以长春市为中心，白山市、通化市、松原市、白城市、延吉市为补充，长春龙嘉国际机场是我国东北地区四大国际机场之一，是东北亚区域重要的航空交通枢纽、我国主要建设的干线机场。

20. 吉林省冰雪运动发展的资源禀赋优势主要有哪些?

吉林省位于北纬 41 度至 43 度，处于“冰雪黄金纬度带”，地势东高西低，东部长白山与欧洲的阿尔卑斯山、北美的落基山并称为世界三大粉雪基地，中东部地区拥有得天独厚的气候条件和山地资源，非常适宜建设大型滑雪场地，开展冰雪休闲运动和旅游度假观光。

21.“中国旅游日”的来历。

“中国旅游日”是在 2011 年 3 月 30 日的国务院常务会议上通过的决议确定的，时间为每年的 5 月 19 日。该节日起源于 2001 年 5 月 19 日，浙江宁海人麻绍勤以宁海徐霞客旅游俱乐部的名义，向社会发出设立“中国旅游日”的倡议，建议将《徐霞客游记》首篇《游天台山日记》开篇之日（5 月 19 日）定为中国旅游日。

22. 请简要介绍吉林省的森林资源。

吉林省森林资源丰富，是全国重点林业省份之一。全省林业用地总面积 9.37 万平方公里，有林地面积 8.22 万平方公里，现有活立木总蓄量 9.88 亿立方米，森林覆盖率 44.2%。长白山区素有“长白林海”之称，是中国六大林区之一，树木有红松、柞树、水曲柳、黄檗等，种类繁多。“长白松”为长白山特有的珍稀树种，因其树干挺拔、树皮鲜艳、树形娇美而被称作“美人松”，并列入1999年国务院公布的《国家重点保护野生植物名录》。

23. 请简要介绍吉林省的湿地资源。

吉林省是全国湿地类型较多的省份之一。全省湿地面积1.72万平方公里，占总面积的9.2%。其中天然湿地1.02万平方公里，占全省湿地总面积的59.3%。主要分布在白城、松原地区，面积0.78万平方公里，占全省湿地总面积的45.4%，其中天然湿地面积为0.57万平方公里，占全省天然湿地总面积的56.2%。全省共有国家重要湿地8块，其中向海湿地和莫莫格湿地已晋升为国际重要湿地。

24.《吉林省文化和旅游发展“十四五”规划》中提出的构建旅游空间新格局的内容是什么？

综合考虑生态红线和旅游发展，兼顾跨区域协调发展，构建“点状辐射、双线串联、跨区融合”的旅游空间新格局。

25.《吉林省文化和旅游发展“十四五”规划》中提出的实施“文旅+”战略，内容是什么？

实施“文旅+”战略，推动文化旅游与农业、工业、商业、康养、体育、教育等融合发展，大力发展文化旅游新业态，拓展文化旅游发展新领域。

26. 请你说出几个吉林省旅游宣传主题口号。

“清爽吉林22℃的夏天”“温暖相约 冬季到吉林来玩雪”“缤纷四季 精彩吉林”“长白天下雪”“吉林很美 我在等你”。

27.《吉林省文化和旅游发展“十四五”规划》中提出“打造文旅形象品牌”，具体指的是什么？

实施品牌聚能计划，深入挖掘和传承长白山文化、冰雪文化、生态文化、工业文化、红色文化、民族民俗文化等文化底蕴，联动四季，畅游吉林，树立吉林新形象。

28. 吉林省哪三大雪场在全国排名前十列？

北大湖滑雪场、万科松花湖滑雪场和长白山国际滑雪场。

29. 非遗涵盖的十大类项目都有哪些？

非遗涵盖的十大类项目，吉林都有。民间文学有蒙古族陶克陶胡，传统音乐有朝鲜族长鼓舞，传统舞蹈有乌拉街满族秧歌，传统戏剧有吉剧，曲艺有东北二人转，传统体育、游艺与杂技有摔跤（分满族、朝鲜族两类），传统美术有长白山满族枕头顶刺绣，传统技艺有满族旗袍制作技艺，传统医药有人参炮制技艺，民俗有朝鲜族花甲礼。

30. 请回答吉林的舞台艺术最具代表性的有哪四大品牌。

首屈一指的是吉林歌舞，又被称为“吉林歌舞现象”，最具代表性的有三大院团：吉林市歌舞团、延边歌舞团、吉林省歌舞团。

第二大品牌是高派京剧。第三大品牌是吉剧。第四大品牌是吉林二人转。

31. 吉剧是吉林的舞台艺术代表性品牌之一，请你简介吉剧。

吉剧是吉林省的地方戏，1959 年年初创建，是中华人民共和国成立后 64 个新兴剧种中仅仅保留下来的 15 个剧种之一。60 多年来，经过时间和观众的考验，历经岁月和时光的沉淀，越发浓烈醇厚，生机勃勃。代表性剧目《桃李梅》《包公赔情》《搬窑》《燕青卖线》被称为吉剧的“一大三小”，其中《桃李梅》先后被十几个剧种的 30 余家院团移植，享誉全国。

32. 二人转是吉林的舞台艺术代表性品牌之一，请你简单介绍。

吉林二人转是群众基础最深厚的品牌。有着 300 多年的历史，东北人常说：宁舍一顿饭，不舍二人转，可见东北人对二人转的热爱。四平市梨树县是中国的“二人转之乡”。二人转分为单出头、二人转、拉场戏三种表演形式，单出头就是一个人表演；二人转，顾名思义就是由两个人表演，一男一女，俗称一副架；三个及以上的人表演叫作拉场戏。二人转表演中，演员跳进跳出，一人分饰多角，可谓“千军万马，全靠咱俩”，诙谐的表演，九腔十八调的唱腔，深受观众朋友们的喜爱。

33. 请你简述吉林省博物院概况。

吉林省博物院是国家一级博物馆。1951 年筹建，1952 年在吉林市开放，1954 年随省政府迁至长春市；建筑面积 3.2 万平方米，其中陈列开放区 17700 平方米；现有馆藏文物 12 万件（套），以中国历代书画、考古品、传世珍品、近现代抗联文物的收藏为特色；是全国研学基地、吉林省爱国主义教育基地、吉林省科普教育基地。

34. 请你介绍一下入选联合国教科文组织《人类非物质文化遗产代表作名录》的朝鲜族农乐舞（象帽舞）。

朝鲜族农乐舞（象帽舞），“象帽舞”是“农乐舞”最高表现形式，据传说：古代朝鲜族人民在耕作时，为了防止虎、狼等野兽的侵扰，用大象毛绑在帽尖上左右摇摆，用来驱赶野兽。还有一种传说是：古代朝鲜人狩猎时，在猎取野兽后，甩动发髻以示庆贺，久而久之，形成了朝鲜族特有的民族、民俗舞蹈表演形式。甩象帽，属于独特的技巧表演，舞者以颈项的力量频频摇动头部，使所戴象帽的飘带旋转如风，似车轮飞转般在舞者的头顶和身体向前、后、左、右画出各种光辉耀眼的美妙彩环。

35. 请你介绍一下入选联合国教科文组织《人类非物质文化遗产代表作名录》的长白山满族剪纸。

长白山满族剪纸，主要分布于吉林省长白山区的通化、白山、吉林、延边等地。中国北方剪纸的历史可以追溯到明末建州女真时期，当时女真人已能用土法造纸，这为长白山满族剪纸的普及和流行奠定了物质基础。除纸以外，满族人还能用桦树皮、树叶、玉米叶等制作剪纸。长白山满族剪纸起源于满族信奉的萨满教，最早的题材是用于祭祀活动，在此基础上又形成了神灵崇拜、萨满信仰、始祖神话、风物传说、传统习俗、现实生活等题材的作品，最具代表性的有《嬷嬷人儿》《龟与蛙》《女萨满》等。

36. 什么是非物质文化遗产?

非物质文化遗产简称非遗，是指各族人民世代相传并视为其文化遗产组成部分的各种传统文化表现形式，包括表演艺术、节庆活动、传统手工艺等。

37. 吉林省博物院的基本陈列都有哪些?

《白山松水的记忆——吉林省历史文化陈列》是吉林省博物院的基本陈列。陈列共分文明曙光、汉唐古韵、松漠雄风、明清华章四部分，展出3000多件（套）文物。这里生动地展现了自有人类活动以来，吉林省的沧桑历史与变迁，反映了边疆各族人民不断的交流融合，共同创造中华民族文化的恢宏历史进程。

38. 请你简介长影旧址博物馆概况。

长影旧址博物馆位于吉林省长春市朝阳区红旗街1118号，是长影集团有限责任公司在完整保留1937年原“满映”建筑的基础上，本着“修旧如旧”的原则修缮完成的，是记录长春电影制片厂发轫、进展、繁荣、变迁的艺术殿堂。长影旧址博物馆建筑面积46137平方米。主要通过文物保存、艺术展览、电影互动等形式，呈现电影艺术、电影道具、电影特技、电影工艺、电影生产等多重主题。

39. 请你介绍一下长影旧址博物馆位于厂中央的毛主席塑像。

位于厂中央的毛主席塑像，是 1967 年由长影美术师及技术人员自行设计，群众自发组织建造的，像高 6.84 米，材料是白水泥。塑像完成后，由于它比例协调，造型逼真，还被吉林江南公园和辽源矿务局从长影进行了翻制。

40. 长影旧址博物馆共有几个展区，分别是什么展区？

博物馆共有三个展区，分别是艺术馆展区、摄影棚展区及洗印车间展区。是以时间轴的顺序展示长影拍摄的经典影片以及长影的发展历程。

41. 人民电影的“七个第一”的内容都是什么？

第一部木偶片《皇帝梦》，第一部动画片《瓮中捉鳖》，第一部科教片《预防鼠疫》，第一部译制片《普通一兵》，第一部多集新闻纪录片《民主东北》，第一部短故事片《留下他打老蒋》，第一部长故事片《桥》。

42. 长影在 20 世纪五六十年代拍摄的红色经典影片都有哪些？

《赵一曼》《董存瑞》《上甘岭》《甲午风云》《冰山上的来客》《英雄儿女》等。

43. 请你说出几部长影译制的外国影片。

《罗马假日》《百万英镑》《摩登时代》《卖花姑娘》《列宁在十月》《马达加斯加》《驯龙高手》。

44. 请你介绍一下长影旧址博物馆摄影棚展区中的第三摄影棚。

第三摄影棚，始建于 1937 年，是中国现存最早、保留最完整的摄影棚。整个面积是 600 平方米，举架 19.8 米，在 70 年代作为特技摄影棚使用过，许多影片中演员涉水的镜头都是在这里面拍摄的。例如，《五朵金花》《英雄儿女》部分场景都是在这里完成的。三棚全国重点保护文物单位，现在既是电影拍摄制作的工作场所，又是游客参观互动的体验项目。

45. 中华人民共和国成立以来，是如何重视保护长白山区生态系统的？

中华人民共和国成立以来，十分重视保护长白山区的生态系统。吉林省人民政府早在 1960 年就划定了总面积为 1964.65 平方公里的长白山自然保护区，1980 年被联合国教科文组织批准加入“人与生物圈保护区网”，成为世界自然保留地之一。1986年被国务院批准为国家级自然保护区，2003年，评选为中华十大名山之一。2007年被国家首批提升为5A级旅游景区。

46. 请你简介长白山景区针阔叶混交林带。

处于海拔500 ~ 1100米，树木以白桦、落叶松、黄檗、红松等针、阔叶树种为主，还有一些藤本植物，如山葡萄、五味子和猕猴桃等。兽类有东北虎、梅花鹿、马鹿、野猪、黑熊等；鸟类有鸳鸯、榛鸡、大山雀等；爬行类有蝮蛇、草蜥、松花蛇等；两栖类有中国林蛙（哈什蚂）、花背蟾蜍等。

47. 请你简介长白山景区岳桦林景观带。

位于海拔1700 ~ 2000米，这里气候寒冷，风势很强，土壤贫瘠，只生长着一些主干弯曲、矮小，呈匍匐状的岳桦。常见的兽类有花鼠、高山鼠兔。鸟类主要有山雀、柳莺等。

48. 为什么说长白山天池比较神秘?

天池比较神秘主要有两点：一是仅有一个出水口而没有入水口，但是湖面水位基本不变；二是1903年开始就有了天池怪兽的目击和记载，近几十年来又有了很多距离较远的照片和录像，但没有抓到过实物，怪兽到底有没有，到底是什么，至今仍是个谜。

49. 请你介绍一下长白山景区的小天池。

小天池是寄生火山口积水而成，周长260米，呈圆形，集水面积约5380平方米，水深10余米。小天池十分幽静，景色迷人，完全一副与世无争的样子。正是这种幽静，蕴藏着两个“谜”。一是，小天池没有出水口，无论干旱还是大雨，小天池依旧水平如镜，不见涨落，与大天池正好相反；另一个是，小天池中生存着一种只有在北极地区才能生存的极北小鲵!

50. 请你介绍一下长白山北景区的长白瀑布。

群山环抱的长白山天池，唯北侧天豁峰与龙门峰之间有一缺口。池水从此口溢出，沿悬崖峭壁之间的乘槎河北流至1250米的断崖直立处骤然跌下，跃入深谷，形成了落差68米高的瀑布，下泄流量均为1.25~5立方米/秒，在2000年被列为世界上落差最大的火山口湖瀑布，瀑布的水一直向前流淌，成为松花江的正源。

51. 请你简介长白山北景区的聚龙温泉群。

聚龙温泉群距长白瀑布约900米，面积有1000多平方米，经科学工作者测定，水温在60~83℃，属高热温泉。其水温之高，水质之好，流量之大，堪称我国温泉之最。温泉水中含有的多种矿物质和对人身体非常有益的元素，对关节炎、风湿等疗效较好。另外，来长白山观光度假，一定要品尝一下聚龙泉的温泉煮鸡蛋。

52. 请你介绍一下长白山景区岳桦林景观带的绿渊潭。

位于岳桦林景观带，因岳桦荫翳、潭水碧绿深窘而得名。绿渊潭上方还有一处由天池水所形成的落差26米高的瀑布。瀑布落于巨石而四溅，而后流入深潭，每逢雾起，潭上水雾弥漫，于高山岳桦、旷古巨石浑然一体，美不胜收，恰似人间仙境。

53. 请你介绍一下长白山景区的地下森林。

由火山活动造成地层大面积塌陷，形成巨大的山谷，使整片的森林沉入谷底。南北长2500 ~ 3000米，谷壁落差约75米，谷底森林谷壁高耸，断崖峭立，崖上崖下森林好似原本连成一片，后突然塌陷才形成今日的森林景象。

54. 净月潭标志性景观是什么，请简要介绍。

走进净月潭，首先映入眼帘的是净月女神雕塑，它是净月潭的标志性迎宾景观，由雕塑大师叶毓山先生精雕细琢创作而出，于2012年8月7日正式落成。女神侧卧在弦月之上，左手托腮凝思，右手探向远方，秀发舞动，双目微合，体现了美丽、圣洁、向上、大爱的生命主题。每逢夏季的夜晚，这里将表演音乐喷泉水舞灯光秀，千姿百态、唯美曼妙的视听效果成为长春一道亮丽的风景线。

55. 请简要介绍一下净月潭水库大坝。

水库大坝，也是净月潭“蓝色水文化”的集中展示区。这里原是一座人工修建的水库，是长春市最早的水源地，水域面积5.3平方公里，最深处16米，最大库容约2811万立方米。1934年，为解决长春市的供水问题，拦截伊通河支流小河沿子河，在长春东南部12公里处一个叫“腰站”的地方修建水库。1936年开始为城市供水，并且为了涵养水源，开始营造人工林，而后逐渐打造成为风景旅游胜地。

56. 净月潭核心景区内种植了哪些树种？

种植了4万平方米的樟子松林，与长白山的美人松相像。这样完美整齐的樟子松林，在国内都属罕见。除此之外，净月潭景区内种植了红松、黑松、白桦、云杉、冷杉等 30 多个树种，森林覆盖率达 96% 以上，每立方厘米空气负氧离子含量高达 4000~5000 个，远远高于市区空气质量水平，形成了多树种、多层次、高品质的森林景观。

57. 请你介绍净月潭景区内的“城市中的旅游滑雪场”。

2003 年，净月潭引入在瑞典有近百年历史的瓦萨国际滑雪节，使中国成为继瑞典、美国和日本之后第四个举办瓦萨滑国际雪节的国家。滑雪场地处海拔 200~400 米的丘陵，共开辟了五条雪道，分为初级、中级和越野雪道。夏季，人们可以乘坐全长 1321 米的星空缆车，领略人工林海的独特魅力，登顶后可继续乘坐全长 1616 米的时光滑道，穿梭在茫茫林海中，体验速度与激情。

58. 请简介净月潭“红色历史文化区”。

净月潭的青松岭是电影《青松岭》惊马场面的外景拍摄地，钱广的三鞭子就是在这个叫“黑风口”的地方甩响的。现在仍有很多剧组来净月潭拍摄，电视剧《东方战场》《浴血三兄弟（大连往事）》《飞行少年》《人世间》、电影《黄大年》等都曾在这里取景。

59. 辽代萧太后执政时期，提出的治国理念是什么？

辽代 200 年间一直以汉唐制度为学习榜样，著名的萧太后执政时期，大力推行学习汉文化，提出了华夷同风的治国理念，到了辽道宗时期，辽宋文化的融合达到高峰。

60. 请你简要介绍杨靖宇生平事迹（主要介绍出生至 1927 年来到东北工作这一时期）。

杨靖宇将军 1905 年出生在河南省确山县李湾村，原名马尚德。1927 年组织领导了确山农民暴动和刘店秋收起义。同年，加入中国共产党，曾任中共豫南特委书记。1929 年 7 月，杨靖宇受组织委派奔赴东北工作，受时任满洲省委书记刘少奇领导，担任中共抚顺特支书记。

61. 请你叙述杨靖宇指挥部队在南满、东满是如何打击日本侵略者的。

杨靖宇指挥部队在日本侵略者残酷统治下的南满、东满地区，广泛建立抗日民族统一战线，开辟抗日游击根据地，采用灵活多变的游击战术，打得日本鬼子晕头转向、焦头烂额、闻风丧胆。日军把杨靖宇称为“满洲治安之癌”，曾悬赏5万大洋购买将军的头。

62. 杨靖宇牺牲后，东北人民是如何缅怀革命先烈的？

杨靖宇这位威武不屈的民族英雄，优秀的共产主义战士，牺牲18年后，东北人民怀着无比崇敬的心情，将他安葬在吉林省通化市靖宇陵园。将杨靖宇将军牺牲地濛江县改名为靖宇县，并在靖宇县设立杨靖宇将军殉国地以示纪念。毛泽东、周恩来、朱德敬送了花圈。朱德亲笔题词“人民英雄杨靖宇同志永垂不朽！”

63. 通化杨靖宇烈士陵园第一、第二陈列室展出内容是什么？

杨靖宇将军生平业绩第一、第二陈列室，展出的是杨靖宇将军青少年时期的遗物和他在抗日战争艰苦岁月里的一些用品和战利品等有关文物、文献、照片共284件。其中，第一陈列室中展出的杨靖宇唯一的一张单人照，十分珍贵。

64. 净月潭碧松净月塔楼是哪位设计师设计的，请你简要介绍。

碧松净月塔楼是净月潭乃至长春市的标志性建筑，由我国著名建筑大师齐康先生设计，造型取材于松柏，于2000年向游人开放。塔楼共11层，高50.2米，“50”代表中华人民共和国成立50周年，“2”代表长春建制200周年。登上顶层，可俯瞰净月潭全景，美景尽收眼底。

65. 请你回答净月潭景区有哪些景观。

由西至东依次游览水库大坝、森林浴场、滑雪场、瓦萨博物馆、青松岭、碧松净月塔楼、太平钟楼等景点，领略净月潭的多彩文化。

66. 请说出吉林省名的由来。

吉林，顾名思义，是吉祥之地、吉利之地、吉顺之地。吉林省省名源于吉林省的第二大城市吉林市。“吉林”满语音译为“吉林乌拉”，“吉林”是“沿着”，“乌拉”为“大川”，“吉林乌拉”意思是“沿着松花江”的城市，后来简称吉林。以省内城市名定为省名在我国仅此一例。

67. 长春伪满皇宫博物院东北沦陷史陈列馆基本陈列升级后展出的内容是什么？

2022年9月18日，经过全面改陈，东北沦陷史陈列馆基本陈列升级为《艰苦卓绝十四年——东北人民抗战史实陈列》《侵华日军第一〇〇部队细菌战罪证陈列》《天地英雄气　千秋尚凛然——缅怀东北抗战英烈和英雄群体》

三个专题展览，全面反映了中国东北十四年沦陷史、重点展示了东北人民艰苦卓绝的抗日斗争、大力弘扬了伟大抗战精神。

68. 长春伪满皇宫博物院获得过哪些荣誉？

2007 年，获评首批国家 5A 级旅游景区

2009 年，获评全国爱国主义教育示范基地

2013 年，获批为第七批全国重点文物保护单位

2017 年，获评国家一级博物馆

2018 年，获评全国中小学生研学实践教育基地

2020 年，获评全国最具创新力博物馆

69. 珲春防川景区主要有哪些景点？

景区内有阳关坪路堤、吴大澂雕像广场、金沙滩欢乐谷、防川民俗村、图们江流域民俗文化展览馆、春江花月主题乐园、图们江第一码头、龙虎阁、龙虎石刻、土字牌等景点。

70. 龙虎石刻中的“龙虎”二字由谁书写？寓意为什么？

吴大澂书写，以“龙盘虎踞”缩写，写下“龙虎”二字，意在表明华夏民族作为龙的传人，龙虎声威，誓死保卫边疆，捍卫祖国。

71. 请简要叙述查干湖旅游度假区概况。

查干湖蒙古语为“查干淖尔”，意为白色圣洁的湖，是全国七大淡水湖之一，也是吉林省最大的内陆湖泊。保护区横跨大安市、乾安县和前郭尔罗斯蒙古族自治县，主体部分位于前郭县境内，距松原市区约 45 公里，属内陆湿地和水域生态系统类型，总面积为 506.84 平方公里。

72. 查干湖旅游度假区设有哪几个旅游功能区？

区内分设度假区中心区、草原风光和蒙古族风情旅游区、水上娱乐休闲区、野餐野营区、湿地生态旅游区、农业观光区、石油产业观光区 7 个旅游功能区。

73. 查干湖盛产多少种鱼类？

盛产鲤鱼、鲢鱼、鲫鱼等 15 科 68 种鱼类，年产鲜鱼 5000 多吨。

74. 请解释“捺钵”是什么意思。

捺钵，为契丹语“行宫”“行在”的音译。辽朝虽先后以辽上京和辽中京作为首都，但是其政治核心不在首都，而在捺钵。由于契丹族转徙不定、

车马为家的特性，决定了皇帝的巡狩制，一切重大政治问题均在捺钵随时决定，是处理政务的行政中心。

75.“祭湖·醒网”仪式的内容都有哪些？

“祭湖·醒网”仪式是查干湖冬捕中最神秘的一个环节，整个祭祀过程极具民族特色和神秘色彩，是中国北方渔猎文化的代表，主要有跳查玛舞、诵佛经、鱼把头唱祭词、祭祀天父地母和湖神、喝壮行酒等活动。

76.查干湖周边有哪些景点？

藏传佛教寺院——妙因寺，全国第三处成吉思汗纪念馆——成吉思汗召，独具特色的渔猎文化博物馆，《圣水湖畔》拍摄基地、异地重建的郭尔罗斯王爷府，还有承载历史的满蒙文碑，移江借水的引松纪念碑以及辽金重镇塔虎古城。

77.长白山是哪三江的发源地？

长白山是松花江、鸭绿江、图们江的发源地。

78.国际著名文化史学者余秋雨先生是如何赞美长白山的？

余秋雨先生曾这样赞美长白山：“中国起步时，你是历史走廊；中国辉煌时，你是半个大唐；中国蒙难时，你是冰雪战场。完成了这一切，突然发现，你还是全世界最稀缺的生态天堂。”

79.历史上长白山经历了哪几次比较大的火山喷发？

946~947年，长白山火山发生大喷发，1597年、1668年、1702年，长白山还发生过中小规模喷发。

80.清政府两次对长白山区下令封禁，发生在哪年？

清政府曾于康熙十六年（1677）、乾隆四十一年（1776）两次对长白山区下令封禁，起到了保护自然生态的作用，给后人留下一块原始自然的圣土。

81.按同类景观属性来认定，被称为中国四大气象奇观的是什么景观？

吉林雾凇与黄山云海、泰山日出、钱塘江潮并称为中国四大气象奇观。

82.人们常引用唐朝岑参的哪句诗来形容雾凇？

人们常引用唐朝岑参的诗句“忽如一夜春风来，千树万树梨花开”来形容雾凇。

83. 1991 年，江泽民同志在吉林市视察期间恰逢雾凇，是怎样赞美的？

1991 年，江泽民同志在吉林市视察期间恰逢雾凇，即兴吟道：“寒江雪柳，玉树琼花，吉林树挂，名不虚传。”

84. 1995 年，国家邮政局根据“雾凇奇观”发行了一套 2 枚的邮票，名字是什么？

1995 年，国家邮政局发行了一套 2 枚的邮票，即《寒江雪柳》与《玉树琼花》。

85. 为什么说雾凇是天然的“清洁器”？

据研究，雾凇是天然的“清洁器”。这是因为雾凇具有净化空气的功能。雾凇在形成之初，有一种叫“凇附”的现象，它可以吸附空气中的悬浮微粒，起到净化空气的作用。所以，人们在观赏雾凇时，会感到空气格外清新。

86. 为什么说雾凇是城市的“消音器”？

雾凇还是城市的“消音器”。雾凇作为晶状体，包裹枝条等固体时分布浓厚、结构疏松，且密度小，空隙大，对音波反射率低，能吸收和容纳大量音波，所以有雾凇出现的密林格外幽静。

87. 阿什雾凇观赏带出现雾凇的概率较高的原因是什么？

阿什雾凇观赏带，位于吉丰东路原吉诺尔电冰箱厂至阿什哈达摩崖处的松花江畔，这里出现雾凇的概率较高。因江堤下的江水刚从丰满大坝底部流出不久，温度相对较高，与地面空气形成较大温差。加之沿江遍植垂柳，是名副其实的“雾凇长廊”。且这里因交通便利，是市区前往松花湖的必经之路，成为新晋的网红打卡地。

88. 观赏雾凇分为哪三个阶段？

人们把观赏雾凇的过程形容为三个阶段，“夜看雾，晨看挂，待到近午赏落花”。

89. 为什么说长春雕塑园是集自然山水与人文景观相融合的一座现代城市主题雕塑园？

长春世界雕塑园位于长春市区内，占地面积约 0.92 平方公里，其中水域面积 0.12 平方公里，景区的整体规划采用了传统和现代相结合的设计理念，中西合璧的造园技艺，以雕塑为主题，以湖面为中心，以山水为骨架，以绿化为背景，以道路为纽带，是集自然山水与人文景观相融合的一座现代城市主题雕塑园。

90. 长春世界雕塑园有多少雕塑艺术品？

目前园区汇聚了来自 216 个国家和地区的 12788 件（组）室内外雕塑艺术品，堪称世界之最。

91. 长春世界雕塑园获得过哪些荣誉？

长春世界雕塑园先后获评首批国家重点公园，“新中国城市雕塑建设成就奖”，首批创造未来文化遗产示范单位，国家 5A 级旅游景区，已成为全世界雕塑家艺术交流的重要平台。

92. 长春世界雕塑园里的五大展馆的名称是什么？

长春雕塑艺术馆、松山韩蓉非洲艺术收藏博物馆、魏小明艺术馆、长春雕塑博物馆和雕塑体验馆。

93. 长春世界雕塑园内罗丹广场摆放的五件作品名称分别是什么？

广场内摆放的是世界著名雕塑大师奥古斯特·罗丹的五件作品，分别是《思想者》《青铜时代》《巴尔扎克》《加莱义民》《行走的人》。

94. 请你简介长春世界雕塑园里的“春天广场”的雕塑作品。

春天广场，中央矗立着由中国著名的5位雕塑家叶毓山、潘鹤、程允贤、王克庆、曹春生集体智慧的结晶——主题雕塑《友谊·和平·春天》。主雕三位少女身像高 23.5 米，基座高 6 米，五组人物像高 2.8 米、五组动植物浮雕高 2.2 米，雕刻的 3 位少女手捧着橄榄枝、和平鸽、鲜花，分别代表了友谊、和平、春天。

95. 请你简要介绍长春雕塑艺术馆。

长春雕塑艺术馆，馆内建筑面积 12500 平方米，是长春世界雕塑园的主体建筑。艺术馆依坡地而建，优美的曲线与直线相结合的造型本身就是一件巨大的现代雕塑艺术品，与园内陈列的雕塑作品相得益彰。馆内的“彭祖述艺术馆”，收藏了工艺美术大师彭祖述先生捐赠的珍贵馆藏微雕《石头记》及大量手稿。

96. 长春农业博览园的位置及主要功能是什么？

长春农业博览园位于吉林省长春市净月高新技术产业开发区，于 2009 年 1 月成立，占地面积 106 万平方米，是国内首个集旅游、教育、会展、农业推广为一体的现代化、生态型的综合性农业博览园区，是目前国内设施齐全、功能完备、规模宏大、技术先进、最大的农业博览园。

97. 请你简要介绍长春农业博览园“渔业展区”的内容。

渔业展馆占地6400平方米。展示淡水鱼，海洋生物，活体标本，梦幻水母馆，爬行动物五大类。既有许多东北独特鱼类品种，又有热带海洋动物。主要代表品种有：鲟鳇鱼、柠檬鲨、西太平洋斑海豹，还有东北经济鱼类青、草、鲢、鳙四大家鱼等。

98. 请你回答什么是辽代的“春捺钵”？

“捺钵”可以译为“行营”，通俗地说就是辽皇帝出行时的临时住所。“捺钵”按春、夏、秋、冬的时序安排，因而也称四时捺钵。四时捺钵分为春水、夏凉、秋山和坐冬。在春捺钵期间，辽皇帝放海东青捕天鹅，凿冰钩鱼，进行头鹅宴和头鱼宴，宴请文武百官和各部落首领，以彰显自己的威武和强大。

99. 嫩江湾景区内的铜镜广场立有12根文化景观柱，请简要介绍。

铜镜广场是以在大安出土的辽代国宝八角铜镜为创意素材，周边对称分立12根文化景观柱，柱体内容讲述契丹起源、发展以及文化交流的历史过程，从不同角度展现契丹的经济、风俗、饮食、文化的主题。文化柱的柱头使用契丹具有代表性的龙纹、凤纹元素，柱底使用契丹独有的壶门灵兽图案元素。

100. 请你回答辽源市朝阳村的位置及获得的荣誉。

朝阳村地属吉林省辽源市东辽县安石镇，毗邻鴜鹭湖国家湿地公园，环境优美宜人。面积6.4平方公里，是中国少数民族特色村寨、中国美丽休闲乡村、首批全国乡村旅游重点村、吉林省5A级乡村旅游经营单位、吉林省十大乡村旅游精品村。

**责任编辑：**谯　洁　刘　鑫
**责任印制：**闫立中
**封面设计：**中文天地

**图书在版编目（CIP）数据**

导游服务能力：吉林导游现场考试实务 / 吉林省全国导游资格考试统编教材专家编写组编 . -- 北京：中国旅游出版社，2023.9

ISBN 978-7-5032-7197-7

Ⅰ. ①导…　Ⅱ. ①吉…　Ⅲ. ①导游 - 旅游服务 - 资格考试 - 教材　Ⅳ. ① F590.63

中国国家版本馆 CIP 数据核字（2023）第 159116 号

**书　　名：**导游服务能力——吉林导游现场考试实务

**作　　者：**吉林省全国导游资格考试统编教材专家编写组　编
**出版发行：**中国旅游出版社
（北京静安东里 6 号　邮编：100028）
http://www.cttp.net.cn　E-mail: cttp@mct.gov.cn
营销中心电话：010-57377103，010-57377106
读者服务部电话：010-57377107
**排　　版：**北京中文天地文化艺术有限公司
**印　　刷：**北京明恒达印务有限公司
**版　　次：**2023 年 9 月第 1 版　2023 年 9 月第 1 次印刷
**开　　本：**720 毫米 × 970 毫米　1/16
**印　　张：**9.5
**字　　数：**149 千
**定　　价：**36.00 元
**I S B N**　978-7-5032-7197-7